Bernhard Lang

Die 101 wichtigsten Fragen
Die Bibel

Verlag C. H. Beck

Mit 18 Abbildungen

Originalausgabe

© Verlag C.H. Beck oHG, München 2013
Satz: Fotosatz Amann, Aichstetten
Druck und Bindung: Druckerei C.H. Beck, Nördlingen
Umschlaggestaltung: malsyteufel, willich
Umschlagabbildung: David der Psalmist, Buchmalerei aus dem
Stundenbuch Ludwigs von Orléans, 1490, v. I, 126, fol.67 r;
© Joseph Martin/akg-images
Printed in Germany
ISBN 978 3 406 65299 8

www.beck.de

Inhalt

Über Gott und die Welt: Bücher des Alten Testaments

Ein Prophet und die Folgen: Bücher des Neuen Testaments

Historiker und Archäologen haben das Wort

Wie soll ich leben?

Was kann ich glauben?

Gelöste und ungelöste Rätsel

«Ich bin überzeugt,
daß die Bibel immer schöner wird,
je mehr man sie versteht.»
Goethe

Vorwort

Noch vor wenigen Generationen waren die meisten Menschen in Mitteleuropa «bibelfest». Geschichten, Namen und Orte der Bibel waren ihnen vertraut. Wer Daniel, Eva, Esther, Johannes, Josef, Maria, Martha, Magdalene, Michael, Paul, Peter, Sara oder Tobias hieß, kannte die biblische Geschichte, die sich mit dem Namen verbindet. Das Bibelwissen früherer Generationen entsprang aus Religionsunterricht, Bibelstunde und regelmäßigem Kirchgang, aber auch aus jahrelang gepflegter täglicher Bibellektüre.

Heute ist das anders. Selbst Kirchgänger haben oft nur vage Vorstellungen vom Inhalt der Bibel. Und mancher, der sich um Bildung bemüht, empfindet eine schmerzliche Bildungslücke, wenn es um «das Buch der Bücher» geht.

Das vorliegende Buch will Bibelwissen in kompakter und gut lesbarer Form vermitteln. Vorkenntnisse sind nicht erforderlich. Bibelwissen setzt sich aus drei Bestandteilen zusammen: *Erstens* Bibelkunde: sie vermittelt Wissen über das, was in den biblischen Büchern erzählt, berichtet und gelehrt wird. *Zweitens* Bibelinterpretation: sie zeigt, wie biblische Texte und Zusammenhänge vor dem Hintergrund antiker Geschichte und Lebensverhältnisse heute verstanden werden. *Drittens* Biblische Wirkungsgeschichte: sie behandelt das Nachleben der Bibel, insbesondere, welchen Einfluss biblische Gestalten, Erzählungen und Lehren auf Frömmigkeit, Literatur, Kunst und – im weitesten Sinne – auf das Leben der Menschen in der Vergangenheit hatten und heute noch haben. In einem Buch, das zur ersten Einführung gedacht ist, muss der Schwerpunkt auf der Bibelkunde liegen.

Als Schatz aus dem Kulturerbe der Welt gehört die Bibel weder einer bestimmten Religion noch einer Kirche, sondern der ganzen Menschheit. Dieses Buch will deshalb informieren, nicht missionieren. Doch an geistlicher Nahrung und ethischer Lehre mangelt es in der Bibel nicht. Auch heute gibt das Buch der Bücher zu denken.

Wird aus der Bibel zitiert, so ist in der Regel die Einheitsübersetzung oder die Zürcher Bibel herangezogen. Zitate aus den Psalmen entstammen oft dem Münsterschwarzacher Psalter. Bei der Schreibweise biblischer Orts- und Personennamen wird in der Regel der Einheitsübersetzung gefolgt, doch behalten Bethlehem, Ruth und Judith ihr «th», und Hiob wird nicht zu Ijob hebraisiert. Wie in der

Einheitsübersetzung wird in diesem Buch der Gottesname «Jahwe» genannt, der in anderen Bibeln mit «der Herr» wiedergegeben ist (siehe dazu Frage 93).

Für kompetente Hilfe danke ich den treuen Helferinnen Ulrike Längle, Adelheid Rutenburges und Gia Toussaint.

Bernhard Lang

Das Buch der Bücher

 **1. Was wird in der Bibel erzählt?** Auf diese Frage gibt es zwei Antworten, denn die Bibel enthält zwei Teile: das Alte Testament und das Neue Testament.

Das Alte Testament ist eine Sammlung von Sagen, Legenden, Berichten, Novellen und weiteren Literaturgattungen. Es spiegelt die Erinnerungen, die das Volk Israel von den Anfängen und dem Verlauf seiner bewegten Geschichte hat (ca. 2000 v. Chr. bis 100 v. Chr.). Diese Geschichte beginnt mit der Einwanderung der Familie Abrahams aus dem Zweistromland (dem heutigen Irak) nach Palästina (entspricht ungefähr dem heutigen Israel). Bald muss die Familie in Ägypten Zuflucht nehmen. Kaum ist sie zu einem stattlichen Volk herangewachsen, wird dieses von den Ägyptern unterjocht. Geführt von Mose verlässt das Volk Ägypten, um in der Wüste das Gesetz seines Gottes entgegenzunehmen und dann in das von Gott verheißene Land Palästina einzuwandern – ein Land, das allerdings militärisch erobert werden muss. In Palästina entsteht ein leistungsfähiges Staatswesen unter den Königen David und Salomo, doch bald zerfällt das Reich in zwei Teile: Juda im Süden, Israel im Norden Palästinas, jeweils mit eigenem König und eigener Hauptstadt. Beide Reiche werden von den Assyrern und Babyloniern zerstört, nach Auffassung der biblischen Erzähler deshalb, weil das Volk, obwohl von seinen Propheten gewarnt, von der wahren religiösen und sittlichen Ordnung abgefallen ist, vor allem von dem göttlichen Gebot «Du sollst keine anderen Götter neben mir haben». Das Volk wird nach Babylonien verschleppt, kann schließlich nach Palästina zurückkehren, aber nicht mehr politisch unabhängig werden. Eine Ausnahme bildet die Zeit der Makkabäer-Fürsten, die sich gegen die Überfremdung Israels durch griechische Kultur wehren können. Am Ende steht die Hoffnung, durch Buße und Umkehr zur wahren Gottesverehrung wieder glücklich zu werden – durch eine neu erblühende jüdische Kultur und vielleicht sogar einen eigenen Staat. Vorerst aber muss sich das Volk der Herrschaft fremder Mächte beugen. Das sind nacheinander: die Babylonier, Perser, Griechen und Römer. Alle alttestamentlichen Bücher und Erzählungen fügen sich in diese große Erzählung ein.

Das Neue Testament erzählt eine eigene und neue Geschichte. Nun ist nicht mehr das Volk Israel Gegenstand des Berichts: Eine neue religiöse Bewegung innerhalb des Judentums fesselt die Aufmerksamkeit. Auch der zeitliche Rahmen ist enger – alles im Neuen Testament Berichtete gehört in das 1. Jahrhundert n. Chr. Den Ausgangspunkt bildet Jesus von Nazareth, ein Wanderprediger und Charismatiker aus Galiläa (im nördlichen Palästina), dessen Leben und gewaltsamer Tod in Jerusalem (um das Jahr 30) geschildert wird. Die Jünger, die sich um Jesus scharen, werden zu Gründern von Gemeinden, deren Mitglieder als Christen bezeichnet werden. Die Schriften des Neuen Testaments berichten von Leben und Werk Jesu sowie vom Leben und Glauben seiner frühen Gemeinden. Diese erwarten einen Umsturz, der die bisherige Geschichte der Menschheit beendet und das Reich Gottes herbeiführt. Im Neuen Testament finden wir die ältesten Dokumente dieser neuen religiösen Bewegung.

Die beiden Grunderzählungen – das Schicksal des Volkes Israel und das Geschick Jesu und seiner frühen Gemeinde – sind mit einem Rahmen versehen, der das Auseinanderstrebende zusammenbindet und der Bibel Geschlossenheit verleiht. Am Anfang der Bibel stehen Erzählungen von Welterschaffung, Paradies und erster Sünde, an ihrem Ende steht die Vorausschau auf den Abschluss der menschlichen Geschichte: die Wiederherstellung des Paradieses in Gestalt einer Gottesstadt. Dieser Rahmen verwandelt die Bibel in ein gewaltiges heilsgeschichtliches Drama der Menschheit, die aus der Hand Gottes hervorgeht (Schöpfung), sich im Ungehorsam von Gott löst und so das Paradies verliert (Sünde), den langen Weg der Strafe und Erniedrigung gehen muss (Reinigung und Prüfung), um am Ende wieder von Gott angenommen zu werden (Erlösung).

2. Bibel, Altes Testament, Neues Testament: Was verbirgt sich hinter diesen Buchtiteln? Das Wort *Bibel* ist abgeleitet von griechisch *biblos* und bedeutet «Buch». Auf dem Titelblatt deutscher Bibelausgaben steht «Die Bibel» oder «Die Heilige Schrift».

Die Bibel ist in zwei Teile gegliedert. Der erste Teil trägt den Titel «Altes Testament», der zweite heißt «Neues Testament». Das Alte Testament ist die vollständige jüdische Bibel. Die christliche Bibel fügt dem Alten Testament das Neue Testament als zweiten, kleineren und abschließenden Teil hinzu. Die Bezeichnungen beruhen auf einer Textstelle aus dem Buch Jeremia im Alten Testament. Der Prophet Jeremia spricht von einem Vertrag oder Bund (kirchenlateinisch: *testamentum*), den Gott mit Israels Vätern beim Auszug aus

Ägypten geschlossen hat, und einem neuen Bund, bei dem Gott die Bundesordnung nicht mehr auf Gesetzestafeln, sondern in das Herz der Menschen schreibt (Jeremia 31,31–34). Christliche Theologen haben nach dieser Textstelle vom «alten» und «neuen» Bund gesprochen und diese Bezeichnungen den beiden Teilen der Bibel gegeben. Sie sehen in der Lehre Jesu die neue, den Menschen ins Herz geschriebene Bundesordnung, von welcher der Prophet sprach.

3. Seit wann gibt es die Bibel? Die Bibel wie wir sie heute kennen – ein handliches Buch von mehr als tausend Seiten – hat eine lange Entstehungsgeschichte. Drei Stationen dieser Geschichte sind bemerkenswert, da sie jeweils mit einer Erfindung von weltgeschichtlicher Bedeutung zusammenfallen.

Die erste Station ist die *Erfindung der Buchreligion*. Im 6. Jahrhundert v. Chr. liegt die Geburtsstunde der Idee, die Religion auf die Grundlage eines Buches oder, genauer, einer Büchersammlung zu stellen. Vorher gab es weder im alten Israel noch in seiner Umwelt als verbindlich geltende Religionsschriften. Im Jahr 586 v. Chr. haben die Babylonier Jerusalem und seinen Tempel zerstört. Der abgesetzte König und viele seiner Untertanen wurden nach Babylonien verschleppt. Staat, Religion und Kultur lagen am Boden. In dieser düsteren Zeit begannen Gelehrte mit der Sammlung bereits vorhandener und der Ausarbeitung neuer Bücher. Diese Schriften dienten der Neugründung der jüdischen Religion. Dem in alle Welt zerstreuten Judentum ersetzte die Bibel die Heimat; bis heute ist die hebräische Bibel das «portative Vaterland» der Juden (Heinrich Heine). Auch für Jesus und die frühen Christen war diese Buchsammlung die einzige Heilige Schrift.

Die zweite Station ist die *Erfindung der christlichen Bibel* (um 200 n. Chr.). Nach dem Vorbild der hebräischen Bibel sammelten christliche Gelehrte die Literatur ihrer neuen Bewegung. Die im Neuen Testament zusammengestellten 27 Schriften verstehen sie jedoch nicht als neue Heilige Schrift, sondern als Ergänzung der hebräischen Bibel, die sie als «Altes Testament» bezeichnen. Demnach besteht die christliche Bibel aus 39+27 = 66 Schriften.

Die dritte Station beruht auf der *Erfindung des Taschenbuchs* im Mittelalter (um 1230). Die erste Taschenbuchausgabe der Bibel dürfte in einem Skriptorium in Paris entstanden sein: eine lateinische Bibel kleinen Formats, handgeschrieben auf fast durchsichtigem Pergament in sehr kleiner Schrift in zwei Spalten. Der Text ist in Kapitel eingeteilt, die Seiten sind mit Titeln versehen. Im Umfeld der größten Universität des Mittelalters konzipiert und für teures Geld vertrieben, machte die kleine einbändige Bibel Schule. Sie wurde zum Bestseller – und ist es geblieben. Seitdem gibt es Bibeln, die ungefähr aussehen wie die heute üblichen. Die Änderungen sind minimal: An die Stelle des Pergaments ist dünnes Papier getreten, und das Buch kommt aus der Druckerei und nicht mehr aus einer Schreibwerkstatt, in der Kopisten beschäftigt sind.

4. Wer hat die biblischen Schriften verfasst?   Die Bibelhandbücher noch des 18. Jahrhunderts hoben drei prominente Verfasser biblischer Schriften hervor: Mose, Matthäus und Johannes. Mose habe um 1400 v. Chr. den Pentateuch (die ersten fünf Bücher des Alten Testaments, von Genesis bis Deuteronomium) als ältestes Buch der Welt geschrieben und bezeuge darin die Offenbarung, die er selbst von Gott erhalten hat. Von Matthäus und Johannes stammten die beiden wichtigsten Evangelien; in diesen schilderten sie Jesu Leben und Wirken; als enge Freunde und Jünger Jesu seien sie dazu besonders qualifiziert gewesen. Mose, Matthäus und Johannes wurden als zuverlässige, historische Ereignisse verbürgende Zeugen gesehen. Auf ihr schriftliches Zeugnis konnten sich Synagoge und Kirche berufen, hier hatten Judentum und Christentum ihr Fundament. Diese Auffassung wird heute praktisch nicht mehr vertreten; sie wurde von der modernen Bibelwissenschaft überholt.

Der Pentateuch, das Kernstück des Alten Testaments, kann nicht mehr als das älteste Buch der Welt gelten. Viel älter sind der altägyptische Roman «Flucht und Heimkehr des Sinuhe» (ca. 1900 v. Chr.) und das babylonische Gilgamesch-Epos (um 1200 v. Chr.). Mit solchen literarischen Werken hat der zwischen dem 8. und dem 4. Jahrhundert v. Chr. entstandene Pentateuch zumindest dies gemeinsam: die entwickelte Erzählkunst und das Fehlen eines Verfassernamens. Die Literatur des biblischen Volkes ist durchweg ebenso anonym überliefert wie die Ägyptens und Babyloniens. Im Falle des Pentateuchs rechnet die Forschung mit einer ganzen Anzahl von Autoren; auf sie gehen die von manchen Forschern rekonstruierten Vorstufen des Pentateuchs zurück: die sogenannte «Priesterschrift», die besonders an Zahlenangaben und Regeln über Priestertum und den Opferkult interessiert ist, oder das Werk des «Jahwisten», dem wir die meisten Erzählungen über Israels Erzväter Abraham und Jakob verdanken.

Die Entstehungsgeschichte der Evangelien ist verwickelt. Weder Matthäus noch Johannes gelten der heutigen Forschung als unmittelbare Jünger Jesu. Als Matthäus wohl gegen Ende des 1. Jahrhunderts n. Chr. sein Evangelium schrieb, konnte er bereits auf frühere Jesusbücher zurückgreifen: auf das um 70 n. Chr. entstandene Markus-Evangelium und eine anonyme Sammlung von Jesusworten. Auch der Autor des Johannes-Evangeliums war mit Jesus nicht persönlich bekannt, sondern schrieb wohl im Anschluss an mündliche Überlieferung gegen Ende des ersten oder zu Beginn des 2. Jahrhunderts.

Paulus, der Verfasser mehrerer Briefe im Neuen Testament, ist der einzige biblische Autor, der dem modernen Begriff von Autorschaft entspricht: ein bekannter Mann, dessen Leben, Wirken und Wollen uns hilft, sein literarisches Werk zu verstehen. Für den heutigen Bibelleser ist die Frage nach den Verfassern biblischer Schriften nicht von allzu großer Bedeutung. Bei antiken wie modernen literarischen Werken zählt der Inhalt, nicht der Name des Autors.

5. Müssen Christen alles glauben und tun, was in der Bibel steht? Die Antwort lässt sich mit Hilfe eines Tests leicht finden. Stellen wir uns einmal vor, Christen müssten alles glauben, was in der Bibel steht. Das hieße dann beispielsweise: (1) Die Sterne sind an einem die Erde überdachenden Zelt angebracht. (2) Jesus hat wirklich Tote auferweckt. (3) Der Prophet Jona wurde von einem Fisch verschluckt und nach zwei Tagen wieder lebendig ausgespuckt. (4) Du sollst deine Kinder verprügeln. – In allen diesen Fällen hilft uns die moderne Bibelwissenschaft zu einem kritischen Verständnis: (1) Das Buch Genesis denkt sich den Himmel nach der Art eines Daches *(Abb. 1)*; diese antike Weltauffassung entspricht längst nicht mehr unserem Wissen. (2) Jesus dürfte Kranke geheilt haben; die Totenerweckungen sind als Legenden einzuschätzen. (3) Beim Buch Jona handelt es sich um eine Art Märchen. (4) Manche der Erziehungsrichtlinien der Bibel (Sprichwörter 13,24) sind nach heutiger pädagogischer Einsicht überholt.

Daraus ergibt sich: Die Bibel bietet keine zeitlose Lehre, sondern spiegelt Leben und Denken einer uns fernen Welt. Sie ist demnach kein Buch, das religiösen Glauben, Weltbild und Lebensführung un-

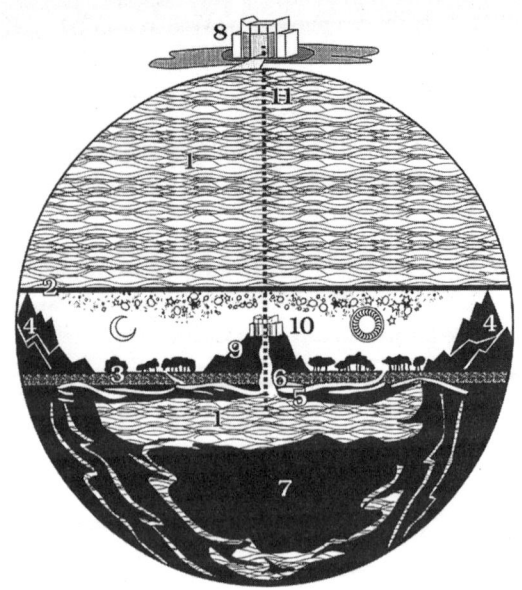

1 *Das Weltbild der Bibel* lässt sich durch eine Skizze verdeutlichen: (1) Wassermassen unterhalb der Erdscheibe und oberhalb des Himmelszelts. (2) Das Himmelszelt (Psalm 104,2), ein ausgespanntes Zelttuch mit Sternen und Planeten. (3) Die Erdscheibe, Lebensraum der Menschen. (4) Gewaltige Bergmassen stützen das Himmelszelt. (5) Aus der Tiefe bringen Quellen Wasser auf die Erdoberfläche. (6) Jerusalem bildet den «Nabel» oder Mittelpunkt der Welt (Ezechiel 38,12, nach der griechischen Bibelübersetzung). (7) Die «Scheol», die finstere Unterwelt im Erdinnern. (8) Gott residiert im himmlischen Tempel. (9) Auf dem Berg Zion, dem Tempelberg in Jerusalem, steht (10) der Tempel, verstanden als Abbild des himmlischen Tempels. (11) Die Weltachse, eine gedachte Linie, führt vom Himmel zum «Nabel der Welt».

mittelbar so vorschreiben kann, dass keine Fragen offen bleiben. Die Bibel dient heutigen Christen – vernünftigerweise – als Grundlage und Anstoß zum Überdenken religiöser und ethischer Fragen. Was heutige Christen wirklich glauben und wie sie ihr Leben gestalten, können sie nicht einfach aus der Bibel ablesen. Christen stehen im Dialog mit der Bibel, nicht unter ihrem Diktat.

6. Es gibt viele Bibelübersetzungen. Welche soll man lesen? Die Schriften des Alten Testament sind in hebräischer Sprache, die des Neuen Testament in griechischer Sprache überliefert. Heute sind zahlreiche deutsche Bibelübersetzungen auf dem Markt, so dass der Käufer vor die Wahl gestellt ist. Die beste Bibelübersetzung gibt es nicht. Zwei neue Übersetzungen sind allen zu empfehlen, die sich in die Bibel einarbeiten wollen:

Zürcher Bibel 2007: Die aus der Schweiz kommende Bibel ist leserfreundlich und stilistisch elegant; in der Übersetzung fast überall gelungen.

Einheitsübersetzung: Die klassische katholische Bibel ist gut lesbar. Sie enthält auch Schriften, die in der hebräischen und der protestantischen Bibel nicht oder nur als sogenannte Apokryphen enthalten sind, etwa das Buch Judith.

Auch heutige Leser greifen gern zur *Lutherbibel*: Dies ist die klassische Bibel der Protestanten. Die Sprache ist schön und kräftig, klingt jedoch auch noch in der revidierten Ausgabe altertümlich.

Weitere Bibelausgaben bedienen spezielle Interessen:

Elberfelder Bibel: Eine ganz wörtliche Wiedergabe, die man bei genauem Bibelstudium gerne zur Hand hat.

Gute Nachricht Bibel: Die leserfreundlichste deutsche Bibel erlaubt sich einige Freiheiten, um den Leser vor Missverständnissen zu bewahren. Nach der Elberfelder Bibel lautet der Einladungsruf Jesu: «Kommt her zu mir, alle ihr Mühseligen und Beladenen! Und ich werde euch Ruhe geben.» (Matthäus 11,28) Dafür heißt es gut und sinngemäß in der Guten Nachricht Bibel: «Ihr plagt euch mit den Geboten, die die Gesetzeslehrer euch auferlegt haben. Kommt alle zu mir; ich will euch die Last abnehmen.»

Bibel in gerechter Sprache: Von ihren Anhängern «Big S» genannt, will diese Ausgabe den Anliegen des Feminismus und der christlich-jüdischen Verständigung im Wortlaut der Übersetzung Rechnung tragen. Beispiel: «Glücklich sind die Frau, der Mann, die nicht nach den Machenschaften der Mächtigen gehen.» (Psalm 1,1) Nach der Elberfelder Bibel: «Glücklich der Mann, der nicht folgt dem Rat der Gottlosen.»

Männer wie Mose

7. Gibt es echte Männer in der Bibel? Ein echter Mann weiß, was er will. Er lässt sich nicht entmutigen. Er ist fähig, Hindernisse aus dem Weg zu räumen und Herausforderungen anzunehmen. Er verfügt über körperliche Kraft. Er interessiert sich für Frauen, er will Kinder zeugen. Er hat Erfolg im Berufsleben. In der Bibel gibt es einen Mann, der diesem Bild entspricht: Jakob (Genesis 25–35).

Jakob wird ohne Privilegien geboren, denn sein Zwillingsbruder Esau verließ den Schoß seiner Mutter vor ihm, was ihn zu einem zweitrangigen Kind macht. Mit List kann sich Jakob gegen Esau behaupten. Als Esau nach einer Mahlzeit aus Brot und Linsen giert, überlässt ihm Jakob die Speise für den Preis des Erstgeburtsrechts. Von seiner Mutter angestiftet, erschleicht er sich den Abschiedssegen, den sein sterbender Vater seinem Bruder Esau zugedacht hat: Mit einem Fell verkleidet, gibt sich Jakob als sein stark behaarter Bruder aus. Esau bleibt in Palästina, während Jakob vor seinem erzürnten Bruder flieht und auswandert. Unterwegs hat er einen Traum: Gott erscheint ihm und sagt ihm seinen Schutz zu. Ermutigt setzt er seine Reise fort. Im Zweistromland findet Jakob Arbeit – und eine Frau, doch verlangt deren Vater einen hohen Brautpreis: Sieben Jahre muss er ihm dienen, um die schöne Rahel zu bekommen. In der Brautnacht wird ihm die ältere, weniger attraktive Lea untergeschoben. Nach sieben weiteren mühevollen Jahren erhält Jakob auch Rahel zur Gemahlin. Jakob gelingt es durch eine weitere List – einen magischen Trick –, eine gewaltige Vermehrung des ihm von seinem Schwiegervater zugesprochenen Viehs zu erreichen. Nun trennt er sich von seinem Schwiegervater, um mit seinen Frauen, Kindern und viel Vieh nach Palästina zurückzukehren. An der Grenze zur Heimat angelangt, wird Jakob in der Nacht von einem Dämon angefallen, doch Jakob kann ihn niederringen und ihm einen glückbringenden Segen abfordern. Bevor der Dämon – vielleicht gleichzusetzen mit dem Schutzgott Esaus – im Morgengrauen verschwindet, verleiht er Jakob den Namen «Israel» («der mit Gott ringt»), den dieser fortan tragen wird. Als Vater von zwölf Söhnen und einer Tochter wird Jakob zum Stammvater des Volkes Israel. Jakob – ein Mann, der seine Ziele erreicht.

8. Warum fesselt Abraham seinen Sohn und zückt das Messer? Abraham, der legendäre älteste Vorfahre des biblischen Volkes, wird als in Zelten lebender Nomade geschildert, der den Orient durchstreift, um schließlich – auf Gottes Geheiß – im Süden Palästinas eine Heimat zu finden. Als Gott ein Menschenopfer fordert, gehorcht der Patriarch, indem er seinen Sohn Isaak zum Altar führt, fesselt und das Messer erhebt. Doch da erschallt eine Stimme vom Himmel, die den tödlichen Stich verhindert. Statt Isaak wird ein Widder getötet und auf dem Altar als Brandopfer dargebracht (Genesis 22). Diese schaurige Erzählung können wir nur verstehen, wenn wir einen zweifachen Sinn unterscheiden: den Sinn, den sie innerhalb der Abrahamserzählungen hat, und den Sinn, den sie, schwerer erkennbar, in älterer Zeit gehabt haben mag.

Innerhalb der Erzählungen über Abraham bildet die Episode von der Fesselung Isaaks das Glied einer ganzen Reihe von Episoden, die den Erzvater stets in einer prekären Situation zeigen, in der er gefährdet ist und der Gefahr auf jeweils überraschende Weise entkommen kann. In einer Zeit der Hungersnot nimmt Abraham mit seiner Frau Sara in Ägypten Zuflucht; aus Furcht, er werde wegen Saras Schönheit getötet, gibt er sie als seine Schwester aus – und prompt wird Sara in den Palast des Pharao geholt. Doch die Sache geht gut aus: Der Pharao wird sich der wahren Verhältnisse bewusst und entlässt seine Gäste reich beschenkt. In dieselbe Lage kommt Abraham noch ein zweites Mal, als Abraham bei Abimelech, dem Stadtkönig von Gerar, Zuflucht findet; doch auch in diesem Fall wendet sich alles zum Guten: Wiederum wird Sara aus dem Harem des Königs frei gelassen. Auch die Episode von der Fesselung Isaaks zeigt Abraham in der Klemme, und auch hier geht alles gut aus: Er selbst, seine Frau und sein Sohn werden gerettet.

Betrachten wir die Episode von Isaaks Fesselung jedoch für sich, ergibt sich ein anderer Sinn. Viele Ausleger haben folgende Interpretation vorgeschlagen: Ursprünglich bestand für den Mann die Pflicht, seinen erstgeborenen Sohn Gott als Opfer darzubringen; doch die Abrahamserzählung zeigt Gottes Verzicht auf das Menschenopfer an. Nach einem zweiten Vorschlag erinnert die Episode an die Knaben-Initiation, wie sie bei vielen Völkern in alter Zeit geübt wurde. Um einen Knaben in die Welt der Erwachsenen einzuführen, muss dieser einen symbolischen Tod erleiden. Er wird von seiner Mutter getrennt, muss allerlei Torturen (wie z.B. Fesselung und

2 *Odysseus tötet die Freier.* Der von seiner zehnjährigen Irrfahrt zurückgekehrte Held findet seine Frau Penelope von mehr als hundert Freiern belagert, die seinen Besitz verprassen. Einem aristokratischen Ethos verpflichtet, greift Odysseus zu Pfeil und Bogen, um ein Blutbad anzurichten. Ein anderes Ethos wird in der Josefserzählung sichtbar: Josef verzeiht den Brüdern, die ihn in die Sklaverei verkauft haben. Jedem von ihnen fällt er um den Hals (Genesis 45,15). Das von Josef praktizierte philosophische Ethos der Feindesliebe erhält bei Jesus programmatischen Charakter. – Stich, 19. Jahrhundert, nach einem Entwurf von John Flaxman.

Todesdrohung) erleiden, um dann in die Gemeinschaft der erwachsenen Männer aufgenommen zu werden.

9. Wie wurde der Konflikt zwischen Josef und seinen Brüdern beigelegt? Josef wurde von seinem Vater Jakob als Lieblingssohn verwöhnt und zog sich so den Neid seiner Brüder zu. Als sich Gelegenheit dazu bot, nahmen sie ihn gefangen und verkauften ihn in die Sklaverei; dem Vater berichteten sie, ein wildes Tier habe ihn zerrissen. Eines Tages brach Hungersnot aus. Jakob schickte seine Söhne nach Ägypten, damit sie dort von dem Getreide kaufen, das der Staat in großen Magazinen als Vorrat hielt. Der ägyptische Beamte, der die Fremden empfing, gab sich als ihr Bruder Josef zu erkennen und konnte ihnen von seinem abenteuerlichen Aufstieg vom Sklaven zum ersten Minister des Pharao berichten. Josef versöhnte sich mit seinen Brüdern und holte seine ganze Verwandtschaft nach Ägypten.

Die Josefsnovelle (Genesis 37–50) versteht sich selbst als Lehrstück über Gottes verborgene Vorsehung, die das Böse zum Guten wendet. Modernen Lesern wie Voltaire erschien sie als kunstvoll gestaltetes philosophisches Märchen, das Großzügigkeit und Bereitschaft zur Vergebung als Eigenschaften des wahren Weisen feiert. In seinem *Philosophischen Wörterbuch* (1764) hebt Voltaire Josefs moralische Überlegenheit über Odysseus hervor: Während Odysseus die Freier seiner Gemahlin Penelope in einem Blutbad auslöscht *(Abb. 2)*, vergibt Josef seinen Brüdern. Die kunstvoll gestaltete Erzählung hat die Phantasie vieler Leser angeregt. Der Koran erzählt die Geschichte nach, und Thomas Mann hat die biblische Erzählung als Grundlage seines umfangreichsten – vierbändigen – Romans gewählt: *Joseph und seine Brüder* (1933–1943). Josef ist nicht nur Liebling seines Vaters Jakob, sondern seit biblischer Zeit auch Favorit der Schriftsteller und Leser.

10. War Mose ein Ägypter?

Der Held des 2. bis 5. Buches Mose (Exodus, Levitikus, Numeri und Deuteronomium) trägt einen ägyptischen Namen. Hier ist seine Geschichte: Moses Kindheit steht im Zeichen der Gefährdung. Er wird in Ägypten in einer Zeit geboren, als die Ägypter ihr israelitisches Gastvolk durch Tötung der neugeborenen Knaben ausrotten wollen; daher wird er von seinen Eltern in einem Binsenkorb im Nil ausgesetzt, doch von einer ägyptischen Prinzessin gefunden und adoptiert. In seiner Jugend erinnert sich Mose an seine Herkunft, erschlägt einen Ägypter, der Israeliten gepeinigt hat – und entzieht sich der Bestrafung durch Flucht in die Wüste. Dort wird er von Gott aus einem brennenden Dornbusch angesprochen und erhält den Auftrag, sein Volk aus Ägypten zu befreien. Das gelingt jedoch erst, nachdem Gott schlimme Plagen über Ägypten gebracht hat – Ungeziefer, eine Viehseuche, Hagel, mehrtägige Finsternis, der plötzliche Tod jeder Erstgeburt. Als die Israeliten fliehen, werden sie vom ägyptischen Militär verfolgt. Gott rettet sie, indem er die Ägypter in einem See ertrinken lässt, während die Hebräer diesen trockenen Fußes durchqueren.

War Mose in seiner Jugend ein Held, so ist er nun, in seinen reifen Mannesjahren, ein frommer Kultstifter, der am Berg Sinai mit dem Gott Jahwe verkehrt und dem Volk Gottes heiliges Gesetz überbringt – ein Gesetz, das vor allem den Bau eines transportablen Zeltheiligtums regelt. Nach dem Sinaiereignis führt Mose sein Volk vierzig Jahre lang durch die Wüste, dem verheißenen Land Palästina

3 *Hammurabi und Mose.* Links der babylonische König Hammurabi
(ca. 1750 v. Chr.) in Gebetshaltung vor dem thronenden Gott Schamasch,
der dem König Ring und Schreibgriffel präsentiert, die es ihm ermöglichen,
Gesetze zu erlassen. Rechts Mose mit den Gesetzestafeln. Die 1902 gefundene,
mit dem linken Bild geschmückte Stele bietet Gesetze, die an die des Mose
erinnern. Ein Beispiel: «Wenn ein Bürger das Auge eines Bürgersohnes zerstört,
so zerstört man sein Auge» (Codex Hammurabi § 196). In der Bibel steht:
«Auge um Auge, Zahn um Zahn» (Exodus 21,24). Die Strafe entspricht
genau dem Verbrechen; so wird Maßlosigkeit verhindert. Die Übereinstimmung legte dem Jugendstilkünstler nahe, Mose als Babylonier zu porträtie-
ren. – Hammurabi-Stele im Louvre, Paris; E.M. Lilien, «Mose», 1908.

entgegen. In seinem Greisenalter wandelt sich Moses Rolle noch einmal: Aus dem frommen Kultstifter wird nun der politische Gesetzgeber. In langen Reden erklärt er eine Staatsverfassung, die eine strenge
monotheistische Gottesverehrung ebenso vorschreibt wie sie die Ein-
setzung eines Königs vorsieht, der im heiligen Gesetzbuch die Richt-
schnur seines Handelns hat. Mose stirbt im Alter von 120 Jahren.

Die Mose-Erzählung lässt sich als Gemisch aus Überlieferungen
unterschiedlicher Herkunft entschlüsseln: (1) Mose könnte Ägypter
gewesen sein. Sein ägyptischer Name steht stellvertretend für das

ägyptische Element im Völkergemisch, aus dem das Volk Israel entstanden ist *(Frage 48)*. Eine Parallele findet sich in der Geschichte von Sinuhe, dem Helden einer bekannten altägyptischen Erzählung (ca. 1900 v. Chr.): Sinuhe flieht aus Ägypten, um Schwierigkeiten zu entgehen; in Vorderasien wird er von einem Magnaten aufgenommen, dessen Tochter er heiratet. Doch die übrige Erzählung verläuft anders. (2) Aus dem Zweistromland stammt das Vorbild der Kindheitsgeschichte des Mose: Dort wird die Aussetzung eines späteren Herrschers in einem Binsenkorb von König Sargon erzählt. Die Erzählung von Mose als Gesetzgeber orientiert sich an babylonischer Überlieferung, die König Hammurabi als Gesetzgeber feiert *(Abb. 3)*. (3) Die Alleinverehrung des einen Gottes stammt nicht aus einer fremden, sondern aus der israelitischen Religion; ihre Durchsetzung wurde im 6. bis 4. Jahrhundert v. Chr. durch die monotheistische Religion Persiens begünstigt *(Frage 71)*.

11. Verkörpert David das Ideal des Kriegers? Die Bauern des alten Palästina waren keine kriegerischen Menschen; doch die Umstände – die Verteidigung gegen ins Land einbrechende Feinde – machten gelegentlichen Waffendienst unumgänglich. Das Königtum in Israel ist aus dem Willen entstanden, die nationale Verteidigung durch einen Kriegerkönig zu sichern. Die umfangreichste Erzählung der Bibel ist der Einführung eines solchen Königtums in Israel gewidmet, und der Held dieser Geschichte ist David (1–2 Samuel, 1 Könige 1–2). Erzählt wird von seinem Aufstieg und Erfolg, aber auch von seinem moralischen Scheitern.

Das ist die Aufstiegsgeschichte: Als junger Mann kommt David an den Hof Sauls, des ersten Königs von Israel. Seinen Ruhm begründet die geschickte Handhabung der Steinschleuder, mit der er den schwer bewehrten Krieger Goliath tötet – jenen Riesen, der die israelitischen Krieger zum Zweikampf herausgefordert hatte, als Ersatz für eine Schlacht zwischen zwei Heeren. Ein Konflikt zwischen David und König Saul eskaliert zur bewaffneten Auseinandersetzung. Doch dann fällt Saul im Kampf gegen die Philister, und David kann das Königtum usurpieren. Er erobert die Stadt Jerusalem, um sie zur Hauptstadt des Landes zu machen.

In Jerusalem auf dem Höhepunkt seiner Macht, begeht David einen schweren Fehler: Er verliebt sich in die Frau des Kriegers Urija und sorgt dafür, dass dieser an der Front ums Leben kommt, damit er die schöne Witwe Batseba zur Frau nehmen kann. Der Prophet Nathan stellt den König zur Rede und kündigt ihm Gottes Strafe an. Das aus der Verbindung mit Batseba hervorgehende erste Kind stirbt früh, zum Kummer Davids. Eine weitere Strafe folgt: Davids Sohn Abschalom wird abtrünnig, gewinnt die Herzen der Untertanen und setzt sich in den Besitz des väterlichen Harems – mit dem Ziel, selbst König zu werden. Im Kampf zwischen Vater und Sohn findet Abschalom den Tod: ein Ereignis, das der Vater bitter beklagt, da er das Leben seines Sohnes schonen wollte. Betagt zieht sich David aus den Regierungsgeschäften zurück. Er stirbt in seinem vierzigsten Regierungsjahr in Jerusalem.

In der Geschichte seines Aufstiegs erscheint David als idealer und erfolgreicher, von Israels Gott begünstigter Krieger. Sein moralisches Scheitern wird als Lehrstück erzählt, dessen Held Davids Hofprophet ist, der im Namen Gottes an seinem Herrn Kritik übt. Da wir über den historischen David fast nichts wissen, erscheint die ganze Daviderzählung als ein dramatisches Lehrstück über das kriegerische Königtum und dessen Grenzen.

12. Wodurch unterscheidet sich Salomo von seinem Vater David? König David war ein Kriegsherr, sein Sohn und Nachfolger Salomo wird als Friedensfürst geschildert. David war arm, sein Sohn verfügte über unermesslichen Reichtum (1 Könige 3–11). Salomos Palast, der mit Hilfe von Architekten und Bauleuten aus dem Ausland errichtet wurde, steht in Jerusalem; dazu gehört auch ein Tempel, den der König erbauen lässt, prächtig ausschmückt und persönlich einweiht. In den Palast strömen die Abgaben unterworfener Völker, aber auch die Steuern aus den von Salomo eingerichteten Verwaltungsbezirken des eigenen Landes. Die Steuern drücken nicht, so dass jeder im mediterranen Glück «unter dem eigenen Weinstock und unter dem eigenen Feigenbaum» leben kann. Zum Hof gehört ein weitläufiger Harem, in dem 700 Haupt- und 300 Nebenfrauen ihren Platz finden, darunter eine ägyptische Prinzessin. Während vom Kult im Tempel wenig mitgeteilt wird, hören wir umso mehr vom glänzenden Leben in Salomos Palast. Gäste von weither wie die Königin von Saba, eine arabischen Fürstin, bestaunen die Pracht des höfischen Lebens, das sich in Jerusalem entfaltet, und überzeugen sich von der in aller Welt gerühmten Weisheit Salomos. Berühmt ist Salomos Naturkunde in Sprüchen und Liedern, die von Maß und Regel im Reich der Tiere und Pflanzen handelt, wovon uns leider kein Beispiel geboten wird. Solche Episoden und beiläufige, den Herrscher ehrende Mitteilungen lenken den Leser jedoch von der eigentlichen Leistung der salomonischen Staatskunst ab: der Ernennung von Beamten, die für Religion, Palast, Fronarbeiten, Steuerwesen und Militär zuständig sind und dem Staat Stabilität verleihen.

Soweit die biblische Erzählung. Historisch können wir David und Salomo nur schwer fassen, doch der biblische Bericht erläutert den Vorgang der Staatsbildung in vorzüglicher Weise. Hinter der Betonung der Weisheit Salomos steht eine politische Erfahrung von welthistorischer Bedeutung. Alle Staaten der alten Welt beruhten auf dem Bündnis zweier Gruppen von gegensätzlicher Sinnesart: schriftkundigen Verwaltungsbeamten und waffengewandten Kriegern. Im jungen Staat konnte David nur die kriegerische Sinnesart zur Geltung bringen. Das kann dem Staat nicht gut bekommen. Daher musste sein Sohn den Beamten und damit dem Geistigen und der Weisheit den Vortritt einräumen. Erst beides zusammen, Davids Kriegshandwerk und Salomos Verwaltungskunst, kann dem Staat Festigkeit und Bestand verleihen. Ihren kürzesten Ausdruck finden die beiden Geisteshaltungen in Listen: 37 Kriegshelden Davids stehen 23 Verwaltungsbeamte Salomos gegenüber (2 Samuel 23,8–39; 1 Könige 4,2–19).

13. Warum streitet der Prophet Elija mit Königin Isebel und ihren Baalspriestern? In den Königsbüchern wird folgende Geschichte erzählt (1 Könige 17 bis 2 Könige 2): Im Nordreich Israel hat das Königspaar Ahab und Isebel im Propheten Elija einen unerbittlichen Kritiker. Die Kritik des Propheten entzündet sich an zwei Verfehlungen: Der König lässt den Bauern Nabot erschlagen, weil sich dieser geweigert hat, dem Herrscher einen ererbten Weinberg abzutreten: ein Grund für Elija, dem König ein drohendes Wort entgegenzuschleudern. Auf Wunsch von Isebel begeht Ahab eine weitere Sünde: Er lässt in Samaria einen Tempel für den Gott Baal errichten. Dadurch wird der Anspruch Jahwes, im Land allein verehrt zu werden, missachtet. Gekränkt sinnt Gott auf Strafe. Diese lässt er durch den Propheten Elija ankündigen: Der Regen wird ausbleiben, und nur das lösende Wort des Gottesmannes kann eine Änderung herbeiführen. Erst nach drei Dürrejahren erklärt sich der Prophet dazu bereit.

Doch es kommt zum Streit um das Regenzeremoniell: Soll sich die Bitte um Regen an den Gott Baal richten? So verlangt es Isebel. Oder soll die Bitte Jahwe, dem Gott Israels, vorgetragen werden? So verlangt es der Gottesmann. Der Streit gipfelt in einem Wettkampf auf dem Berg Karmel, der zwischen Elija und den Baalspriestern ausgetragen wird. Während sich der von seinen Priestern angerufene Baal nicht rührt, schickt Jahwe auf Elijas Bitte den erflehten Regen, der die Dürre beendet. Elija nutzt die Gunst seines Erfolgs und lässt die Baalspriester ergreifen und töten.

Besondere Abenteuer erwarten den Propheten auf der Flucht vor der erzürnten Königin. Er wird in Phönizien von einer Witwe versorgt und wirkt dort allerlei Wunder: Er vermehrt Öl und Mehl und erweckt einen toten Knaben zu Leben. Eine zweite Flucht führt ihn in die Wüste, wo er, von melancholischer Stimmung bedrückt, sterben will. Auf wunderbare Weise – ein Engel bringt ihm Speise – wird er am Leben erhalten. Gestärkt durchquert er vierzig Tage lang die Einöde, um den Gottesberg zu erreichen. Tatsächlich begegnet ihm dort Gott. Elija sieht Gottes Gestalt nicht, er hört nur Gottes Stimme, die ihn mit Aufträgen in seine Heimat zurücksendet. Auf göttliches Geheiß beruft Elija einen jungen Bauernsohn, Elischa, in seinen Dienst. Ohne Zögern gehorcht dieser. Auf einer Reise im einsamen Bergland erlebt Elischa, wie sein Meister von einem feurigen Wagen in den Himmel entrückt wird, um nicht wieder zurückzukehren. Nur Elijas wunderwirkender Mantel bleibt ihm – und der Auftrag, das Werk des Meisters fortzuführen. – Und Isebel? Elija kann ihr durch Flucht in den Himmel entkommen. Als sie später eines schmählichen Todes stirbt, erinnert man sich des Wortes von Elija: «Die Hunde werden Isebel auffressen» (1 Könige 21,23; 2 Könige 9,30–37).

Die biblische Erzählung erläutert das Wirken von Israels Propheten: ihre Kritik am Fehlverhalten der Könige und ihren Kampf für die Alleinverehrung Jahwes. Ob Elija eine Gestalt der Geschichte oder nur eine Figur der Legende ist, brauchen wir nicht zu entscheiden.

14. War Jesus Prophet oder Weisheitslehrer? Großzügig, gesellig, den Menschen zugewandt, resolut, von gesundem Menschenverstand und frei von Fanatismus und Formalismus: so zeichnen die Evangelien das Bild von Jesus. Wir können die Gestalt Jesu am besten

4 *Elija auf dem Flügelrad.* Der Prophet Elija, nach biblischer Vorstellung lebendig in den Himmel entrückt, wirkt von dort als Nothelfer der Menschen. Flügelrad und Reisehut unterstreichen seine Mobilität. Der auf der ausgestreckten Hand sitzende Vogel erinnert an die Raben, die den Propheten in der Einöde mit Nahrung versorgten (1 Könige 17,4). Die rechts unten beigefügte Maske des ägyptischen Schutzdämons Bes ist ein Beizeichen der uns unbekannten Prägestätte. Die Deutung des Münzbildes auf Elija ist allerdings nicht sicher. – Jüdische Silbermünze, 4. Jahrhundert v. Chr., British Museum, London.

erfassen, wenn wir die beiden Rollen betrachten, die sein Wirken leiten und in denen es sich entfaltet: die Rolle des Propheten und die Rolle des philosophischen Lehrers.

Als Prophet ist Jesus Magier und Wunderheiler. Für die Prophetenrolle bietet der alttestamentliche Erzählzyklus über die Propheten Elija und Elischa das Muster. Nach dem Vorbild dieser Männer wäre der idealtypische Prophet Regenmacher, Krankenheiler, Erwecker von Toten, Vermehrer von Lebensmitteln. Sehen wir von übertreibenden Legenden ab, haben wir mit therapeutischer Magie als Bestandteil prophetischer Praxis zu rechnen. Seine prophetische Lehre fasst Jesus in einem allen Einzelheiten übergeordneten Begriff zusammen: Reich Gottes *(basileía toû theoû)*. Gottes Reich ist bleibend jenseitig, im Himmel, kann und muss sich jedoch auf Erden verwirklichen, zum Beispiel in Heilungen, die Jesus in Anknüpfung an alte prophetische – an Elija erinnernde, vielleicht letztlich schamanische – Praxis durchführt.

Als Philosoph ist Jesus schon daran zu erkennen, dass ihm fester Wohnsitz, Familie, Besitz und aufwändige Kleidung fehlen *(Abb. 5)*. Diese damals gültige philosophische Lebensordnung sollte die Freiheit und Unabhängigkeit des Denkers sicherstellen. Antike Philosophen verstehen sich als Lehrer und Mahner zu rechtem Verhalten. Wird Recht missachtet, äußern sie unerschrocken Kritik. Im Zentrum der philosophischen Botschaft Jesu steht der Aufruf zur Nächstenliebe, die sich bis zur Feindesliebe steigert. An der religiösen Praxis vieler Zeitgenossen kritisiert er, dass sie auf der wörtlichen und bedingungslosen Erfüllung traditioneller Regeln bestehen. Ein Musterfall ist Jesu Ablehnung der sogenannten Reinheitsregeln, die nach jüdischer Tradition den Verzehr bestimmter Speisen (z. B. Schweinefleisch) untersagen. Dazu überliefert der Evangelist Markus Jesu derbes Wort: «Nicht was in einen Menschen hineingeht, macht ihn unrein, sondern was herauskommt (aus den Gedärmen), das macht unrein.» (Markus 7,15)

15. War Johannes der Täufer der Lehrmeister Jesu? Johannes der Täufer wird als Mann geschildert, der in der Nähe von Jericho am Jordan als Prophet gewirkt hat. Menschen, die sich von ihm belehren ließen, hat er «getauft», d. h. im Jordan untergetaucht als Zeichen der Reinigung von Schuld und allem Bösen. Auch Jesus befand sich unter den Täuflingen. Er könnte einige Zeit bei Johannes gelebt und sich als dessen Schüler betrachtet haben; in der Bibel ist davon allerdings nicht die Rede. Von der Tätigkeit Jesu im Kreis des Täufers könnte sich im Johannes-Evangelium eine Spur erhalten haben. Dort heißt es, Jesus habe mehr Jünger gewonnen und getauft als Johannes; hinzugefügt ist allerdings (von späterer Hand?): «wiewohl freilich Jesus selbst nicht taufte, sondern seine Jünger [tauften]» (Johannes 4,1–2). Vom Täufer könnte Jesus manches übernommen haben: den Verzicht auf Besitz und regelmäßige Berufsarbeit; die einfache Kleidung; die Praxis, Schüler um sich zu scharen; die Überzeugung, Gott habe sich seinem Volk nach einer langen Zeit der Strafe für Vergehen wieder in Liebe zugewandt; die Taufe als Zeichen innerer Reinigung.

Die Evangelien präsentieren Johannes als Vorläufer und Wegbereiter Jesu. Wie Jesus selbst, ist auch Johannes Opfer eines Mordes

5 *Jesus als philosophischer Lehrer.* Barfuß auf einem Berg sitzend, bekleidet mit dem Gewand der kynischen Philosophen, trägt Jesus die Bergpredigt vor. Zu Füßen die dem Meister lauschende Menge. Den Evangelien und der frühen Kirche galt Jesus nicht nur als Gottessohn, sondern auch als Philosoph, der manche Lehren vortrug, die man auch von anderen Weisheitslehrern hören konnte. – Marmorrelief, ca. 300 n. Chr., Museo Nazionale delle Terme, Rom.

geworden: Der Tetrarch Herodes Antipas ließ ihn gefangen nehmen und enthaupten (Matthäus 14,1–14). Die von Johannes praktizierte Taufe ist in das Christentum übergegangen. Wie es dazu kam, erfahren wir nicht. Offenbar hat die frühe Kirche zwei Wurzeln: die Bewegung um Jesus, die das Abendmahl in die Gemeinde eingebracht hat, und die schon ältere Bewegung um Johannes, deren Kennzeichen die Taufe war.

16. Wie kam Simon, der Jünger Jesu, zu seinem Beinamen «Petrus»? Petrus, vermutlich ein wohlhabender Fischer am See Gennesaret, dürfte Jesus als «Sponsor» unterstützt haben. Der in seinem Beruf als Bauhandwerker (traditionell: Zimmermann, Markus 6,3) nicht mehr tätige Jesus war damit finanzielle Sorgen los. Der eigentliche Name des Petrus war Simon, Petrus ist nur die griechische Form seines Beinamens Kefa, «Stein, Fels». Jesus selbst erklärt den Beinamen wie folgt: «Du bist Petrus (= Fels), und auf diesen Felsen will ich meine Gemeinde bauen.» (Matthäus 16,18) Hinter diesem Spruch verbirgt sich die Weisheit des Bauhandwerkers: Ein Haus, an einem Hang ohne genügendes Fundament gebaut, rutscht in der winterlichen Regenzeit hangabwärts; nur ein im Felsen fest

6 *Johannes der Täufer* «trug ein Gewand aus Kamelhaaren und einen ledernen Gürtel um die Hüften» (Matthäus 3,4). So beschrieben kommt Johannes für eine bildliche Darstellung eher in Betracht als Jesus, von dem die Bibel keine Beschreibung bietet. Vom Jugendstilkünstler in die karge Landschaft am Jordan gesetzt und mit einem Heiligenschein versehen, weist der hagere, asketische, bartlose Jüngling mit ausgestreckten Armen die ganze Welt zurück. – Marcus Behmer, 1903.

verankertes Haus übersteht Wind und Wetter (Matthäus 7,24–25). Ein solcher Fels, der Jesu Werk vor dem Ruin bewahrt, ist Simon Petrus. Sein Beiname bedeutet «Felsenmann».

Alles, was wir wirklich über Petrus wissen, hat mit Geld und Besitz zu tun. Auf die Frage des Petrus, was für einen Lohn es für jene gibt, die wie er Familie und Beruf verlassen haben, antwortet Jesus, jeder werde Häuser, Brüder, Schwestern, Mütter, Kinder und Äcker erhalten (Markus 10,30). Dieses Wort Jesu ist in der Jerusalemer Urgemeinde Wirklichkeit geworden, die sich als geschwisterliche Gemeinde unter der Leitung des Petrus verstand. Die Autorität des Petrus spiegelt sich in der Überlieferung über die beiden Gemeindemitglieder Hananias und Saphira wider: Dieses Ehepaar hatte einen Acker verkauft, aber nicht den vollen Betrag Petrus zu Füßen gelegt. Ohne dass Petrus dies veranlassen musste, fielen die beiden tot um (Apostelgeschichte 5). Petrus dürfte bis zu seinem Tod der Jerusalemer Gemeinde vorgestanden haben. Die wenig glaubhafte Legende, er sei nach Rom gereist und dort den Märtyrertod gestorben, entstammt einem frühchristlichen Roman (*Die Akten des Petrus*, ca. 180/200).

17. Gibt es im Neuen Testament einen Paulusroman? Von Paulus stammen mehrere Briefe des Neuen Testaments, doch erfahren wir aus diesen nur wenig über das Leben ihres Autors. Dafür müssen wir auf die Apostelgeschichte zurückgreifen, die in romanhafter Weise von Paulus berichtet (Apostelgeschichte 7–28). Nur dort erfahren wir, wo Paulus aufgewachsen ist – in der Stadt Tarsus in Kilikien (Kleinasien), und wo er eine höhere Bildung erworben hat – in Jerusalem bei einem jüdischen Gelehrten (Apostelgeschichte 22,3).

Die Apostelgeschichte entwirft die Biographie des Paulus als eine Kette kunstvoll gestalteter Episoden. Die *erste* zeigt uns Paulus als jungen Mann in Jerusalem, der sich an Ausschreitungen gegen die christliche Gemeinde beteiligt. Mit Briefen des Hohenpriesters an die Synagogen in Damaskus ausgestattet, macht er sich auf, um dort gegen die Gläubigen vorzugehen. Als er sich jedoch der Stadt nähert, trifft ihn ein blendender Lichtstahl, und er vernimmt die Stimme Jesu. Gleichzeitig erhält der in Damaskus lebende Jünger Hananias in einer Vision den Auftrag, Paulus eine von Jesus verfügte Aufgabe mitzuteilen: Er soll Jesu Botschaft verbreiten. Paulus, vom Verfolger zum Gläubigen geworden, wird der glühendste Missionar des Christusglaubens.

Eine *zweite Episode*, oder genauer, eine Kette von Episoden, schildert drei lange, ereignisreiche Missionsreisen des Paulus: Von Antiochia in Syrien, wo es eine bedeutende christliche Gemeinde gibt, bricht er auf, um neue Gemeinden zu gründen. Er kommt auch nach Athen und spricht vor der attischen Ratsversammlung, dem Areopag. In seiner berühmt gewordenen Rede würdigt er die griechische Philosophie unter Hinweis auf das Dichterwort, der Mensch sei «von Gottes Art» und also mit Gott verwandt. Einen Altar, der dem «Unbekannten Gott» geweiht ist, deutet er als Kultstätte des Schöpfers der Welt, der Jesus vom Tod auferweckt hat.

Dritte Episode: In Jerusalem wird Kritik an der Missionsarbeit des Paulus laut. Nach Auffassung einiger Jerusalemer Christen sollen sich Neubekehrte beschneiden lassen und die jüdischen Sitten annehmen. Paulus lehnt solche Auflagen ab. Man einigt sich auf einen Kompromiss: Beschneidung wird nicht verlangt, doch einige andere Bestimmungen des jüdischen Gesetzes müssen befolgt werden. Kein Gläubiger darf sich der Unzucht hingeben, Tierblut genießen oder Fleisch verzehren, das aus Götzenopfern stammt.

Vierte Episode: Paulus wird angeklagt, unter den Juden Unruhe zu stiften; so gerät er in Jerusalem in römische Gefangenschaft. Nachts erscheint Jesus dem Inhaftierten mit der Botschaft: «Hab Mut! Denn so wie du in Jerusalem meine Sache bezeugt hast, sollst du auch in Rom Zeugnis ablegen.» Da er als römischer Bürger der Gerichtsbarkeit der Provinz entzogen ist, appelliert Paulus an den Kaiser und wird nach Rom überstellt. Dorthin soll ihn ein Schiff bringen, das unterwegs – ausführlich und realistisch geschildert – Schiffbruch erleidet. Alle können sich an Land retten. Schließlich gelangt Paulus nach Rom, wo er, von einem Soldaten bewacht, eine Mietwohnung bezieht. Er ruft die führenden Männer der jüdischen Gemeinde zu sich, um ihnen sein Schicksal zu erklären und sie mit Argumenten aus der Heiligen Schrift für Jesus zu gewinnen. Zwei Jahre lang bleibt Paulus in Rom. An dieser Stelle bricht der Bericht der Apostelgeschichte ab; den Tod des Paulus – vielleicht seine Hinrichtung in Rom – spart er aus.

Frauen wie Eva

18. War Sex im Paradies verboten? Ja! Davon wird wie folgt erzählt: Von Gott als erste Menschen erschaffen, lebten Adam und Eva in Gottes Garten (Genesis 2–3). Dort galt eine strenge Ordnung: Von der Frucht des «Baumes der Erkenntnis» durften die Menschen nicht essen; übertraten sie das Verbot, mussten sie sterben. Da erschien eine Schlange im Garten und sprach (nach Märchenart) mit Eva: Nein, Gott hat nicht recht; die Frucht bringt nicht den Tod, vielmehr macht das Verzehren der Frucht den Menschen klug. Also aßen Adam und Eva davon – und wurden von Gott bestraft. Aus dem Gottesgarten verbannt, musste sich Adam der harten Arbeit eines Bauern widmen, während Eva die Schmerzen des Kindergebärens auf sich zu nehmen hatte. So sollte es in alle Zukunft bleiben.

Worin genau bestand die Sünde? Der Ausdruck «Baum der Erkenntnis» spielt mit den zwei Bedeutungen eines hebräischen Wortes, das zugleich «Erkenntnis» und «Beischlaf» meint. Verboten ist der «Baum des Beischlafs». Das weiß der des Hebräischen kundige Leser, doch Adam und Eva verstehen den Ausdruck nicht. Hinter der biblischen Erzählung steckt eine andere, ältere Geschichte, von welcher der biblische Text nur noch geringe Spuren enthält. Diese ältere Erzählung stammt aus einer Welt, aus der sich Israel entfernt hat, der Welt des polytheistischen Mythos, wo es nicht nur Konflikte zwischen den Menschen und dem einen Gott gibt, sondern auch Streit unter den Göttern. Die Erzählung, von der wir eine Fassung in einer frühchristlichen Schrift haben (dem *Physiologus*, um 200), könnte so gelautet haben: Die Götter haben den Menschen geschaffen, ihm jedoch das Geheimnis der Zeugung vorenthalten. Ein Gott – der Schlangengott – verrät den Menschen das Geheimnis. Sobald die Menschen eine bestimmte Frucht verzehren – die tomatenähnliche kleine Frucht der Mandragora –, wird der Liebestrieb in ihnen geweckt. Dem Rat des Schlangengottes folgend, greifen die ersten Menschen zur Liebesfrucht und erleben die Freuden der Sexualität. Dafür werden sie von den anderen Göttern bestraft, doch das Geheimnis der Zeugung kann ihnen nicht mehr entrissen werden. Frucht und Wurzel der Mandragora gelten in der Bibel (Genesis 30,14) und bei vielen Völkern als Aphrodisiakum, als Mittel, die Liebeslust zu wecken.

19. Waren alle Frauen in der Bibel Hausfrauen? Nicht alle, aber die meisten. Von Frauen wird erwartet, dass sie heiraten und den Haushalt besorgen. Die Haushaltsgründung kann als Aufgabe der Frau geschildert werden: Der junge Mann verlässt Vater und Mutter – also den elterlichen Haushalt –, um sich an eine Frau zu binden (Genesis 2,24). In der biblischen Welt herrscht eine strenge Rollenverteilung: Die Frau ist für alles zuständig, was das Hauswesen betrifft – für Kinder, Kochen und Kleidung; der Mann kümmert sich um alles, was außerhalb des Hauses zu tun ist. Im Haus selbst handelt die Frau selbständig; ist eine Dienerschaft vorhanden, trifft die Hausherrin alle nötigen Anordnungen. Genau genommen gilt diese Regel allerdings nur für die wohlhabende Oberschicht, denn nur von dieser handelt das schöne Gedicht über die tüchtige Frau im Buch der Sprichwörter, der einzige biblische Text, der uns über die Aufgaben der Frau im Haushalt informiert (Sprichwörter 31). Das Gedicht entwirft ein Porträt der fleißigen Gutsherrin. Es verrät uns auch die soziale Stellung ihres Mannes: Durch seine tüchtige Gattin von der Verwaltung des Hauswesens entlastet, kann er sich um die öffentlichen Belange der Stadt kümmern. In allen antiken Städten – auch Kleinstädten – gehörten nur die wohlhabenden Bürger zum Rat der Stadt, der sich in Israel «im Stadttor» trifft: «Ihr Mann ist geachtet in den Toren, wenn er bei den Ältesten des Landes sitzt.»

Die Bibel kennt Frauen auch in anderen Rollen als die der Hausfrau. Beispiele sind Debora die Politikerin und Lydia die Tuchhändlerin (Richter 4–5, Apostelgeschichte 16,13–15). Debora, Regentin des Volkes Israel und Prophetin in vorstaatlicher Zeit, dürfen wir uns als Frau jenseits der Menopause vorstellen, die auf diese Weise (wie in vielen Gesellschaften) den Männern gleichgestellt ist. Sie ruft zu einem Krieg gegen Israels Feind, den kanaanitischen Feldherrn Sisera, auf und verheißt den Sieg, der dann auch eintritt. Lydia, eine Christin, lebt als wohlhabende Geschäftsfrau in der griechischen Stadt Philippi, wo sie Paulus und dessen zwei Begleiter drängt, in ihrem Haus abzusteigen, das offenbar genügend Platz für Gäste bietet.

20. Warum ist Ruth die Lieblingsgestalt der feministischen Bibelleserinnen? Frauen sind nicht zweitrangige, handlungsunfähige Menschen zweiter Klasse; das möchte die Frauenbewegung auch aus der Bibel belegen. Sie kann – mit Recht – auf die Gestalt der Ruth verweisen. Das Buch Ruth erzählt folgende Geschichte: Gemeinsam mit ihrem Mann war Noomi ins Land Moab ausgewandert, um einer Hungersnot zu entgehen. Als Witwe kehrt sie in ihre Heimatstadt Bethlehem zurück. Begleitet wird sie von ihrer jungen, jedoch ebenfalls verwitweten Schwiegertochter Ruth, einer Moabiterin. Ruth findet die Aufmerksamkeit von Boas, dem reichsten Mann der Stadt. Als es Ruth gelingt, Boas zu heiraten, sind die beiden Frauen der Sorge um das tägliche Brot enthoben. Ruth bringt einen Sohn zur Welt und wird so – wie der Schluss der Erzählung mitteilt – König Davids Urgroßmutter.

Erzählerischer Höhepunkt der Geschichte ist Ruths nächtlicher Heiratsantrag an Boas. Dem Rat von Noomi folgend begibt sich Ruth, frisch gebadet und parfümiert, zur Tenne der Stadt, wo Boas im Freien übernachtet. Sie «deckt seine Füße auf» (was wohl heißen soll: seine Scham) und nimmt ihm das Versprechen ab, sie zu heiraten. Was in der Nacht auf der Tenne passiert ist, sollen sich Leser und Leserinnen selbst ausmalen. Jedenfalls entlässt Boas Ruth am Morgen als seine Braut – mit dem Eheversprechen und einem Sack Getreide. Möglicherweise ist der Ort des Geschehens bedeutungsvoll: Die Tenne, wo Getreide gedroschen und von der Spreu geschieden wird, könnte als Ort der Fruchtbarkeit gegolten haben; wer dort den Beischlaf vollzieht, hat gute Aussicht auf Nachkommenschaft.

Was Leserinnen an der Geschichte fesselt, sind zwei Züge: die unverbrüchliche Freundschaft zweier Frauen und die kühne Eroberung eines Mannes durch eine selbstbewusste Frau.

21. Mann und Frau im Hohenlied: Sind sie verliebt oder verheiratet? Sie sind nicht verheiratet, sie sind einfach ineinander verliebt. Er ist verrückt nach ihr, sie hat Sehnsucht nach ihm. Verliebtsein wird an folgenden Merkmalen erkannt: Wer verliebt ist, hat nur den Partner oder die Partnerin im Kopf, sehnt sich nach dessen oder deren Gegenwart, schwelgt in erotischen Tagträumen und Phantasien, lobt ihn oder sie ständig anderen gegenüber und neigt zu einer frühlingshaften Verklärung der Umwelt. Alle diese Merkmale lassen sich aus dem Hohenlied belegen.

Das Hohelied, das auch als Hoheslied Salomos bezeichnet wird oder, dem hebräischen Titel folgend, als Lied der Lieder, bietet einen bunten Strauß zärtlicher Liebesgedichte. Abwechselnd treten die Geliebte, der Liebhaber und ein Kommentator oder Chor auf. Die

Geliebte wird als Wächterin in den Weinbergen geschildert. Sie ist von der Sonne gebräunt, was als unedel gilt, doch ihre Anmut nicht schmälert. Nicht nur auf freiem Feld finden wir sie, sondern auch in der Stadt, wo sie des Nachts, von ihrer Sehnsucht getäuscht, glaubt, von ihrem Freund besucht zu werden. Als sie die Tür öffnet, findet sie ihn nicht. Sie verlässt das Haus, streift durch die menschenleere Stadt auf der Suche nach dem Geliebten, doch nur, um von den Nachtwächtern aufgegriffen und misshandelt zu werden. Der Geliebte wird als Hirte beschrieben, der Schafe hütet; seine Freundin stiehlt sich aus dem Weinberg zu seiner Weide, um an seiner Seite im Schatten zu ruhen. Auch als König Salomo erscheint der Geliebte, der seine Braut auf einer kostbaren Sänfte heimführt, so dass sich die Welt des königlichen Luxus mit ländlicher Idylle vermischt.

In den Gedichten geben sich beide Partner – die Geliebte und der Liebhaber – ihrer Sehnsucht und ihren Phantasien hin, ohne dass es in Wirklichkeit zu einer Begegnung kommt: Darin besteht die geheime Pointe des Hohenlieds. Gerade das ersehnte Abwesende nimmt leicht die Züge des Idealen und Gültigen an.

Die Präsenz erotischer Dichtung in der Bibel hat die Ausleger der Vergangenheit oft irritiert und dazu angeregt, einen verborgenen Sinn im Hohenlied zu suchen; es galt dann als dramatische Darstellung der Liebe zwischen Gott und dem Volk Israel oder zwischen Christus und der Kirche. Solche allegorischen Auslegungen finden schon im 18. Jahrhundert kaum mehr Anhänger. Moderne Leser bewundern die Unbefangenheit, mit welcher der biblische Dichter von Sexualität spricht. Heute wird das Hohelied auch als Zeugnis weiblicher Befreiung gewürdigt: Die Frau liebt, ohne sich dem Mann zu unterwerfen (Julia Kristeva, *Histoires d'amour*, 1983).

22. Ist Judith eine männermordende Femme fatale? Die Judithgeschichte erzählt von der Belagerung der Stadt Betulja. Als sich die Bedrängnis durch den Feind zuspitzt, ergreift Judith die Initiative. Jung, verwitwet und mutig, wagt sie sich ins Lager des Feindes. Wegen ihrer Schönheit wird sie freundlich aufgenommen. Der Feldherr Holofernes lädt sie in sein Zelt ein, wo er sie verführen will. Judith beginnt, die ihr zugedachte Rolle als jüdische Mätresse zu spielen – doch nur zum Schein. Den Feldherrn hindert sie daran, sich ihr zu nähern. Sie bringt ihn zum Einschlafen, greift zum Schwert und enthauptet Holofernes. Nun ist Judiths Stadt frei, und die Heldin wird

7 *Judith mit dem Haupt des Holofernes.* Maliziös lächelnd, die Augen halb geschlossen, tritt die schwarzhaarige Verführerin aus dem Schlafgemach hervor, dessen kostbarer transparenter Vorhang ihre Blöße halb bedeckt. Sie genießt den Sieg über den von ihr enthaupteten Feind, auf dessen Haupt ihre Hand ruht. Während Judiths Halsschmuck, das Haupt des feindlichen Feldherrn und der mit Edelsteinen durchwirkte Vorhang der biblischen Erzählung entstammen, verdankt sich Judiths Nacktheit der Tragödie *Judith* von Friedrich Hebbel (1840), der die Heldin zur Verführerin des Getöteten machte. – Gustav Klimt, Judith I, 1901; Österreichische Galerie Belvedere, Wien.

gefeiert. Zum Dank schenkt Judith dem Tempel ihres Gottes das golddurchwirkte Mückennetz, das sie aus dem Schlafgemach des Getöteten mitgenommen hat. Schönheit siegt!

Die im 2. Jahrhundert v. Chr. entstandene Erzählung, die zur katholischen Bibel, nicht aber zur hebräischen und protestantischen gehört, blickt auf das Schicksal des Volkes Israel zurück: In der Vergangenheit haben die Feinde die beiden Hauptstädte des Landes – Samaria und Jerusalem – belagert und besiegt. Die Judithnovelle erzählt dieselbe Geschichte nach, doch mit anderem Ausgang: Der Feind wird von einer Prophetin besiegt, die als jüdische Jeanne d'Arc zur Waffe greift. Aus der Sicht der Stadt Betulja ist Judith eine Heldin. Aus der Sicht der Feinde aber lässt sich Judith als *femme fatale* verstehen: als schöne Frau, deren Reizen ein Mann verfällt und die ihn zugrunde richtet.

In der Bibel gibt es noch eine weitere *femme fatale*: die Dirne Delila. Ihr gelingt es, Simson das Geheimnis seiner Stärke zu entreißen: Je länger das Haar, desto stärker der Held. Während der übermütige Held bei Delila schläft, ruft sie seine Feinde herbei, die ihm die Haare scheren. Simson verliert seine Kraft, und sein Untergang ist besiegelt (Richter 16).

23. Wie kam die Jüdin Esther zur Krone des persischen Reichs?

Da ihre Schönheit die aller anderen Frauen übertrifft, kommt Esther nicht nur in den königlichen Harem, sondern steigt auch zur Favoritin des persischen Königs auf. Als es im Perserreich zu Ausschreitungen gegen Juden kommt, setzt sich die Jüdin Esther, die dem König ihre Herkunft bisher verheimlicht hat, für ihr Volk ein. «Wie könnte ich das Unglück mitansehen, das mein Volk treffen soll? Wie könnte ich die Vernichtung derer mitansehen, die gleicher Herkunft sind wie ich?», sagt sie zum König. Esther hat Erfolg. So wird der Schutz einer Minderheit durch die Fürsprache einer Frau erreicht, die dieser Minderheit angehört. Der Leser ahnt, was sich im Hintergrund abgespielt hat: Esther war von dem jüdischen Hofbeamten Mordechai in den Harem eingeschleust worden, um ihn selbst und ihr Volk vor dem finsteren Judenfeind Haman zu schützen.

In der Weltgeschichte kommt dem antiken persischen Reich besondere Bedeutung zu, denn es war das erste Reich, das viele Völker zu einer politischen Gemeinschaft verbinden und durch Erfindungen wie den Postverkehr bereichern konnte. Persisches Münzgeld stand in hohem Ansehen. Die Vorherrschaft der Perser in Vorderasien wurde im 6. Jahrhundert v. Chr. von König Kyrus begründet; erst Alexander der Große hat die Vormacht der Perser gebrochen (331 v. Chr.). Die Esthernovelle spielt in der Blütezeit des Perserreichs in der Hauptstadt Susa. «Königin Esther» ist allerdings nur eine Romangestalt, denn in Wirklichkeit gab es nie eine jüdische Frau auf dem Thron des Perserreichs. Nicht alle Leser lieben das Estherbuch. Da es keine religiöse Botschaft enthält, wollte es Luther lieber in die Elbe werfen als in der Bibel haben – so der Reformator in einem Tischgespräch.

24. Ist Jesus der Sohn einer Jungfrau? Josef und Maria sind verlobt; bevor sie zusammenkommen, ist Maria bereits schwanger. Ein Engel erklärt, die Schwangerschaft stamme von Gottes heiligem Geist. Dann kommt das Kind zur Welt – Jesus. Von dieser Erzählung bietet die Bibel zwei Fassungen: eine im Lukas-Evangelium und eine im Matthäus-Evangelium (Lukas 1–2, Matthäus 1–2). Nach Lukas ist es Josef, der in einem Traum aus dem Mund des Engels von der anstehenden Schwangerschaft seiner Verlobten erfährt. Nach Matthäus dagegen ist es allein Maria, die der Engelsbotschaft gewürdigt wird: Der Engel Gabriel tritt bei Maria ein, um ihr die Botschaft von ihrer unerwarteten Schwangerschaft zu überbringen – eine Szene, die in der christlichen Kunst klassische Geltung erhalten hat. Nur bei Matthäus wird die Jungfrauengeburt durch ein Prophetenwort unterstrichen: Bereits Jesaja habe die Geburt des Heilands von einer Jungfrau vorhergesagt (Jesaja 7,14; wo in Wirklichkeit von einer «jungen Frau» die Rede ist); solche vorausweisenden Orakel waren in der Antike beliebt.

Der katholischen Tradition gilt Jesus als Sohn einer Jungfrau; als wahrer Sohn Gottes habe er keines irdischen Vaters bedurft. Doch «die Lehre vom Gottsein Jesu würde nicht angetastet, wenn Jesus aus einer normalen menschlichen Ehe hervorgegangen wäre», schrieb Joseph Ratzinger, der spätere Papst Benedikt XVI., 1968 in seiner *Einführung in das Christentum*. In der Religionswissenschaft werden heute zwei Interpretationen erörtert: (1) Josef ist nicht der Vater Jesu. Die Legende von der Jungfrauengeburt könnte eine historische Erinnerung aufbewahren – nämlich an Jesus als uneheliches Kind. (2) Josef ist Jesu wirklicher Vater. Der biblische Bericht ist als Legende zu beurteilen. Einem Heldenschema verpflichtet, schreibt sie Jesus besondere Geburtsumstände zu. Diese sollen seine spätere Bedeutung erzählerisch vorbereiten. Berufen kann sich die Legende auf Jesus selbst, der Gott seinen Vater nannte.

Ein ähnlicher Fall von Heroisierung findet sich in der Überlieferung über den griechischen Philosophen Platon: Es heißt, Ariston sei nicht der wirkliche Vater des Philosophen. Auf Weisung des Gottes Apollon, der ihm erschienen sei, habe Ariston mit der schönen Periktione erst nach der Geburt von deren Sohn Platon verkehrt; der

8 *Der Auferstandene und Maria Magdalena.* In ein weißes Tuch gehüllt, das seine Lenden bedeckt, wendet sich der auferstandene Christus der vor ihm knienden Maria Magdalena zu und sagt: «Berühre mich nicht» (oft lateinisch zitiert: *noli me tangere*). Keine Wunde verunstaltet seinen Leib. Der Künstler gibt Christus eine Harke in die Linke: Dies entspricht dem Johannes-Evangelium (20,15), nach dem Maria Magdalena den Auferstandenen zunächst für einen Gärtner hält. Auffällig ist die zwar keusch verhüllte, doch sichtbare Männlichkeit Jesu, die Maria Magdalena nicht berühren darf. – Tizian, ca. 1514; National Gallery, London.

wahre Vater Platons aber sei der Gott Apollon selbst (überliefert von Diogenes Laërtios, *Leben und Lehre der Philosophen*, 3. Jahrhundert n. Chr.).

25. War Maria Magdalena Jesu Geliebte? Der Name Maria Magdalena bedeutet «Maria aus dem Ort Magdala», einem Dorf am See Gennesaret. Maria gehörte zu einem Kreis von Anhängerinnen Jesu, die den Meister begleiteten und unterstützten (Lukas 8,1–3). Markus schildert sie – anonym, doch leicht erkennbar – als Frau, die Jesus mit kostbarem Öl liebevoll salbt (Markus 14,3–9). Bei Markus steht auch: Überall, wo man das Evangelium verkünde, werde ihrer gedacht. Als erste entdeckt sie Jesu leeres Grab, und der Auferstandene zeigt sich ihr zuerst (Markus 16; Johannes 20,1–18; *Abb. 8*). Der Evangelist Johannes scheint ihre Identität unter der Bezeichnung «der Jünger, den Jesus liebt» zu verbergen – jedenfalls nach einer erwägenswerten Deutung dieses Ausdrucks (Johannes 13,23; 19,25–27). Solche verstreuten Notizen lassen etwas von der Bedeutung ahnen, die Maria Magdalena gehabt haben muss. Sie war zweifellos die führende Gestalt unter den weiblichen Jüngern Jesu. Wer weit gehen will, mag in ihr die Gefährtin Jesu sehen. Roman- und Filmautoren spinnen die Geschichte weiter und lassen Maria einen Sohn zur Welt bringen, der Jesus zum Vater hat; doch damit ist der historische Befund längst verlassen.

26. War Paulus ein Frauenfeind? Über Frauen äußert sich Paulus in seinen drei Hauptbriefen – Römer, Galater, 1 Korinther – in sehr unterschiedlicher Weise.

Galater- und Römerbrief bieten ein modern anmutendes Bild: Alle Gläubigen sind durch die Taufe neue Menschen geworden; während sie vor der Taufe Freie, Sklaven, Juden, Männer und Frauen waren, sind sie nun alle gleich (Galater 3,26–28). Den Brief an die Römer, den Paulus von Korinth abschickte, lässt er von Phoebe zustellen, die er als seine «Schwester» bezeichnet. In Rom grüßt er neun Frauen und doppelt so viele Männer. Junia nennt er «Apostelin», Priska könnte die Leiterin einer Hausgemeinde sein. Alle werden aufgefordert, einander herzlich zu umarmen und so ihre Liebesgemeinschaft zu demonstrieren. So entsteht der Eindruck einer Gemeinde von gleichberechtigten Schwestern und Brüdern.

Das ganz andere Bild des ersten Korintherbriefs pflegt heutige

Leserinnen zu erschrecken: Es ist besser, unverheiratet zu bleiben und darin dem Beispiel des Paulus zu folgen; dieser Rat gilt für Frauen und Männer. Frauen sind prinzipiell Männern untergeordnet, stammen sie doch von einem Mann ab, von Adam. Im Gottesdienst soll die Frau ihr Haar nicht offen tragen, um auf sich aufmerksam zu machen, sondern aufgesteckt (manche Kommentare meinen: Paulus fordere das Tragen eines Kopftuchs). Niemand soll sich über nun einmal bestehende Anstandsregeln hinwegsetzen (1 Korinther 13,5). In den Gemeindeversammlungen haben die Frauen kein Rederecht; sie sollen auch keine Fragen stellen; wenn sie etwas nicht verstanden haben, sollen sie sich zu Hause an ihre Männer wenden (1 Korinther 14,34–35).

Paulus kommt in seiner Missionsarbeit mit Frauen gut zurecht, doch bleibt er den patriarchalen Auffassungen seiner Zeit verhaftet. Die Einsicht in die prinzipielle Gleichheit von Mann und Frau kann er theoretisch aussprechen, praktisch jedoch nicht verwirklichen. Oder doch? Zugunsten eines frauenfreundlichen Paulusbildes wird eine Beobachtung ins Feld geführt, die derzeit viele Anhänger(innen) findet: Der Abschnitt über weibliches Redeverbot stamme nicht von Paulus, sondern sei von späterer, chauvinistischer Hand in den ersten Korintherbrief eingefügt worden.

Über Gott und die Welt: Bücher des Alten Testaments

27. Stehen die schönsten biblischen Geschichten in der Genesis? Das Buch Genesis ist das 1. Buch Mose und das erste Buch der Bibel. Das griechische Wort Genesis bedeutet «Entstehung, Ursprung», so dass man auch vom «Buch der Ursprünge» sprechen könnte. Geschildert wird die Entstehung der Welt, der Menschheit und des Volkes Israel in Erzählungen, deren kunstfertige und kraftvolle Ausführung die Leser aller Zeiten begeistert hat. Besonders am Anfang und am Ende des Buches – in der Paradieserzählung und in der Geschichte von Josef – erleben wir Höhepunkte althebräischer Erzählkunst.

Der Prolog berichtet von der Urzeit der Menschheit in zugleich poetischer und volkstümlicher Sprache. An sechs Tagen erschafft Gott Himmel, Erde und Menschen. Das erste Menschenpaar lebt zunächst im Paradies, einem Garten, den es hütet. Doch bald übertreten Adam und Eva ein göttliches Verbot – und müssen den Garten für immer verlassen. Sie erkennen, dass sie sterblich sind. Den ersten Tod erleben sie im Brudermord, als Kain, der erste Sohn Evas, seinen jüngeren Bruder Abel erschlägt. Kain wird aus der Familie verstoßen. Alle erreichen in dieser ersten Zeit ein hohes Alter, Metuschelach (traditionell: Methusalem) zum Beispiel wird 969 Jahre alt. Doch Gott beschließt, die Lebenszeit auf 120 Jahre zu begrenzen. Eine weitere Begrenzung erfolgt durch die große Flut (traditionell: Sintflut). Indem sie die ganze Erde überschwemmt, löscht sie alles Leben aus – mit Ausnahme von Noach und seiner Familie, die, von Tieren begleitet, in einem großen seetüchtigen Holzkasten – der Arche – die verheerende Flut überleben. Von Noach und seinen Söhnen leitet sich die gesamte Menschheit her. Diese spricht eine einzige Sprache und lebt in einem einzigen Land – bis Gott die Sprachen verwirrt und die Völker über die ganze Erde zerstreut. Damit vereitelt Gott den Bau der Großstadt Babylon (oder Babel, im Zweistromland), die einen bis an den Himmel reichenden Turm hätte erhalten sollen.

An diesen Prolog schließt sich die Erzählung von der Volkwerdung Israels an. Stammvater ist Abraham. In einem bunten Bilderbogen wird das Leben der ersten drei Generationen des Volkes geschildert. Die erste Generation wird durch Abraham und dessen Frau Sara repräsentiert, die zweite durch Isaak und dessen Frau

9 *Der Turm zu Babel* ist eine Stufenpyramide mit einem Tempel auf der obersten Plattform. Das Relief zeigt König Nebukadnezzar, den Erbauer, neben seinem Werk. Die Inschrift gibt den Namen des Bauwerks wieder: «Das Haus, Grundstein von Himmel und Erde, Zikkurat (Stufentempel) in Babylon». In den Erzählungen über den Turmbau zu Babel (Genesis 11) und den Traum Jakobs von der Himmelstreppe (traditionell: Himmelsleiter, Genesis 28) spiegeln sich Erinnerungen an die monumentale Höhe von etwa 90 Metern und die nach oben führenden Treppen. – Turm zu Babel-Stele, Anfang 6. Jahrhundert v. Chr., Sammlung Schøyen, Oslo.

Rebekka, die dritte durch Jakob und dessen Frauen Rahel und Lea. Jede Generation hat sich einer besonderen Herausforderung zu stellen: In der ersten muss Saras Unfruchtbarkeit durch göttlichen Eingriff überwunden werden, in der zweiten stehen dem Finden einer Braut für den Sohn Jakob fast unüberwindliche Hindernisse entgegen. In der dritten kommt es mit der Geburt von zwölf Söhnen zum Ziel der Volkwerdung: Jeder der zwölf Söhne Jakobs wird zum Stammvater eines der zwölf Stämme Israels. Am ausführlichsten wird von Josef berichtet, der in Ägypten zum Minister des Pharao aufsteigt. Er wird zum Segen für sein eigenes Volk wie für fremde Völker, indem er sie in einer Notzeit aus den vollen Kornspeichern Ägyptens ernährt.

In der Tat: die schönsten biblischen Geschichten stehen in der Genesis.

28. Welche Eigenschaften schreibt die Genesis dem Volk Israel zu?

Das Buch Genesis ist wahrscheinlich um 500 v. Chr. entstanden, als das Volk Israel unter persischer Oberherrschaft stand und keinen eigenen Staat besaß. Das Buch will in dieser Situation ein Selbstporträt des Judentums zeichnen: Juden leben zerstreut in verschiedenen Ländern; im Zweistromland leben sie wie der Erzvater Jakob und dessen Schwiegervater Laban, in Ägypten wie Josef und die Familien seiner Brüder, in Palästina wie Abraham und Isaak. Ziehen Juden aus Palästina in die Diaspora, wo sie als Minderheit leben, werden sie dort von bereits arrivierten Juden freundlich aufgenommen und unterstützt. Das zeigt die Josefserzählung, die Josef als jüdischen Patron der Einwanderer schildert.

In dieses Selbstporträt sind drei Charakterzüge eingewoben, welche die Juden als gute Untertanen im persischen Vielvölkerreich, das in der Genesis nicht erwähnt wird, empfehlen: Juden sind friedliebend, gebildet und ein Segen für alle.

Sie sind *friedliebend:* In Palästina wie andernorts sind die Juden friedliche Ackerbauern und Viehzüchter, die den göttlichen Segen in der Vermehrung des Viehs, im Gedeihen der Feldfrucht und in der Nachkommenschaft erfahren. An Krieg haben sie ebenso wenig Interesse wie an der Gründung eines Staats. Selbst eine religiöse Organisation ist ihnen fremd. Ihnen genügen in Palästina verstreute Altäre und kleine Heiligtümer.

Sie sind *gebildet:* Das Buch Genesis beginnt mit der Urgeschichte, die mit der Erschaffung der Welt einsetzt und dem Turmbau zu Babel schließt. Dieser Auftakt zeigt den weiten geistigen Horizont der Juden. Die Erzählung stammt aus der jüdischen Diaspora des Zweistromlandes, wie schon die Erwähnung der beiden großen Flüsse des Zweistromlandes - Euphrat und Tigris - in der Paradieserzählung nahelegt. Besonders die Geschichten von Sintflut und Turmbau verraten babylonisches Milieu. Während die babylonische Fluterzählung dem biblischen Autor wahrscheinlich durch einheimische Erzähler bekannt wurde, konnte er - oder sein Gewährsmann - den gewaltigen, um 600 v. Chr. erneuerten und vergrößerten Stufentempel («Turm») in der Stadt Babylon mit eigenen Augen sehen (*Abb. 9*). Genau so, wie es in der Bibel beschrieben wird, war dieser Tempel aus gebrannten Ziegeln und Asphalt (als Mörtel) gebaut. Babylonien ist das Land der Anfänge.

Sie sind *ein Segen für alle:* Überall herrscht gutes Einvernehmen zwischen Juden und Nichtjuden. Mehr noch: Juden wirken Gutes für andere. Auf Abrahams Fürsprache wird die heidnische Stadt Sodom erst dann von Gott zerstört, als der letzte Gerechte sie verlassen hat. In Josefs Sorge für die von einer Dürrekatastrophe heimgesuchten Ägypter erfüllt sich die einst an Abraham ergangene Verheißung, die Nachkommen dieses Erzvaters würden zum Segen für alle Völker werden. Unverkennbar ist die zeitgeschichtliche Bedeutung des Willens zum Segen: Das Volk Israel verzichtet gegenüber dem Perserreich auf eigene politische Ansprüche, um im Leben des Vielvölkerreiches zum Nutzen aller zu wirken. Das ist die Aufgabe des jüdischen Volkes, weit über die Perserzeit hinaus, und das ist die Aussage des Buches Genesis.

29. Hat Pharao Echnaton an den Psalmen mitgedichtet?

Das griechische Wort «Psalmen» bedeutet «Lieder, die man zum Saitenspiel singt», und tatsächlich enthält das Buch neben Gebeten und Gedichten auch viele Lieder. Auffällig ist die Übereinstimmung zwischen der Naturdichtung der Psalmen und altägyptischen Texten. Als Beispiel sei eine Stelle aus dem großen Sonnenhymnus des Pharao Echnaton angeführt (übersetzt von J. Assmann):

> Du [o Sonnengott] bist fern, doch deine Strahlen sind auf der Erde.
> Du bist im Blickfeld, deinen Lauf aber kann man dennoch nicht kennen.
> Gehst du unter im Westhorizont, ist das Land in Finsternis, im Zustand des Todes.
> Die Schlafenden sind in der Kammer, die Häupter (von Dunkelheit) verhüllt,
> nicht ein Auge kann das andere erblicken. ...
> Am Morgen aber, sobald du aufgegangen bist am Horizont und als Sonne am Tage leuchtest,
> vertreibst du die Finsternis und sendest deine Strahlen aus! ...
> Alles Vieh ist zufrieden mit seinem Futter, Bäume und Gräser gedeihen.
> Die Vögel sind aus ihren Nestern aufgeflogen, ihre Flügel sind Lobpreis für deinen Ka (Geist)! ...
> Wie zahlreich ist doch, was du schaffst, auch wenn es dem Blick verborgen bleibt!

Ähnlich wie Aton, die Sonnenscheibe, ist in Psalm 104 Jahwe, der Gott Israels, Herr über die Natur, die Pharao Echnaton um 1345 v. Chr. in schwungvoller, anschaulicher Sprache besingt. Zweifellos hat sich der biblische Dichter an ägyptischen Motiven orientiert und auf diese Weise Echnaton zum Mitverfasser der Psalmen gemacht. Doch nicht nur Ägypten hat an den Psalmen mitgewirkt; auch babylonischem Gebetsgut begegnen wir oft. Ein an die Göttin Ischtar gerichtetes Gebet enthält Zeilen, die auch in den Psalmen stehen könnten: «Wie lange noch, o meine Herrin, sollen meine Feinde mich finster anblicken, sollen sie mit Lüge und Betrug Schlimmes gegen mich planen, sollen meine Verfolger und Neider über mich frohlocken?» (*Religionsgeschichtliches Textbuch zum Alten Testament*, Göttingen 1975, 135)

Die beiden Themen «Gottes Walten in der Natur» und «der Einzelne und sein Gott» haben die Psalmen tatsächlich mit Ägypten und Babylonien gemeinsam. Biblisches Eigengut ist aber gut vertreten. In nicht wenigen Liedern wird Israels Heilsgeschichte zum Gegenstand frommer Betrachtung: Jahwe hat Abraham, Isaak und Jakob, die Stammväter des Volkes, erwählt und ihnen Landbesitz verheißen; an die Erzählung von Josef in Ägypten wird erinnert, an die Befreiung aus Ägypten und an Mose; selbst des Widerstandes gegen Mose auf der Wanderung durch die Wüste wird gedacht. Erinnert wird auch an die Eroberung Palästinas und die Verheißung immerwährender Herrschaft, die König David gegeben wurde. Doch schließlich hat Gott sein sündiges Volk verstoßen. Die Feinde konnten Jerusalem erobern. So endet mancher Psalm mit der Klage über das Geschick des Volkes Israel – und mit der Hoffnung auf eine große Wende.

30. Was erwarten die Psalmen vom Messias?   Im 3. und 2. Jahrhundert v. Chr. wurden die Psalmen zu einem Buch zusammengestellt. Zu dieser Zeit lebte das Volk der Bibel teils zerstreut in vielen Ländern, teils in Palästina unter der Herrschaft der Ptolemäer und Seleukiden. Einen eigenen König hatte es nicht. Doch manche Kreise erwarteten einen neuen König der Juden. Ihm wurde der Titel «Messias» beigelegt, ein alter Ehrentitel; seine Bedeutung «der Gesalbte» spielt auf das Ritual der Amtseinführung an, bei dem eine feierliche Salbung mit geweihtem Öl erfolgte. Ein Porträt des erhofften Königs wird in den ersten beiden Psalmen gegeben.

Der die Sammlung eröffnende Psalm 1 entwirft das Bild eines einsamen Lesers, der sich im stillen Gelehrtenglück Tag und Nacht über seine Schriftrollen beugt und nichts anderes als das Studium religiöser Texte im Sinn hat. Wie ein Baum nur gedeihen kann, wenn er am Ufer eines Baches steht, so gedeiht ein Mensch nur, wenn er in der Nähe der Heiligen Schrift lebt und aus ihr seine Lebenskraft schöpft. Dies führt den Frommen dazu, im letzten Stück der Sammlung die ganze Schöpfung zum Lobe Gottes aufzurufen: «Alles, was Atem hat, lobe den Herrn! Halleluja!» (Psalm 150,5) Das ist das Bild der jüdischen Buchreligion, deren Vertreter in der Bibel ihre Heimat und ihren Lebensmittelpunkt finden. Der kommende Messias soll ein Buchgelehrter sein (Deuteronomium 17,19).

Das zweite Porträt des Messias findet sich in Psalm 2. Dort wird der Messias als Kriegsherr geschildert, der Israels Feinde besiegt und Jerusalem wieder zur Hauptstadt eines Weltreichs macht. Psalm 2 wird mit Psalm 149 fortgesetzt, dem Lied von den Getreuen des messianischen Herrschers, die mit zweischneidigem Schwert an Israels Feinden Rache üben. Diese unter den Juden des 2. Jahrhunderts v. Chr. (sowie ultraorthodoxen Juden noch heute) lebendige messianische Hoffnung sollte sich nicht erfüllen.

Im doppelten Porträt des Messias meint man ein Echo der Gestalt von König David zu erkennen. David, einer der ersten Könige Israels, lebt in der Erinnerung des Volkes nicht nur als der Krieger fort, der Israels Feinde besiegt hatte, sondern auch als Dichter frommer Lieder. Für den Liederdichter konnte man sich auf die Überlieferung berufen, der junge David habe am Hof von König Saul als Sänger und Harfenspieler gewirkt. Beide Züge, der Krieger und der Liederdichter, bestimmen auch das Bild, das die Psalmen vom Messias entwerfen.

31. Enthält die Bibel auch Theaterstücke? Ob es im alten Israel Theateraufführungen gab, wissen wir nicht. Doch gab es vermutlich Lesedramen, die mit verteilten Rollen gesprochen wurden. Das beste Beispiel dürfte das Buch Hiob sein. Nach der Art eines geistlichen Dramas in fünf Akten zeigt es, wie ein von Gott durch Leid geprüfter Mensch zu höherer Erkenntnis gelangt.

Erster Akt: Prolog im Himmel. Hiob (in der hebräischen Form: Ijob), ein wohlhabender und angesehener Nichtisraelit im Land Uz, wird zum Gegenstand einer Verhandlung am himmlischen Hof. Für Gott ist Hiob der rechtschaffenste aller Menschen. Der Satan äußert

Zweifel. Hiobs Frömmigkeit sei nichts anderes als Dankbarkeit für Gottes Segen, der ihn zum reichsten Mann macht. Doch wird Hiob fromm und gottesfürchtig bleiben, wenn er Besitz und Gesundheit verliert? Der Satan erhält die Erlaubnis, den Mann zu prüfen.

Zweiter Akt: Das Unglück. Hiob wird von mannigfachem Unglück heimgesucht. Seine Rinder, Esel und Kamele werden von Räuberbanden erbeutet; der Blitz schlägt in die Stallungen ein und tötet Kleinvieh und Knechte; ein Orkan zerstört das Haus, in dem Hiobs Kinder feiern – und alle finden den Tod. Um das Unglück noch zu steigern, wird Hiob von einer entstellenden Hautkrankheit befallen. Hiob steht auf der Schwelle zwischen Leben und Tod.

Dritter Akt: Die Zeit der Prüfung. «Lästere Gott und stirb», schlägt ihm seine Frau vor. Doch Hiob hält an seinem Gottesglauben fest. Drei Freunde, die Hiob besuchen, wollen ihn trösten – und belehren. Sie halten ihm die geläufige Lehre vor: Da Unglück die gerechte Folge von Vergehen sei, soll sich Hiob prüfen und seine Schuld offenbaren. Dagegen verwahrt sich Hiob. Er beharrt auf seiner Unschuld. Durch sein Beharren, so wird dem Leser nahegelegt, hat Hiob die Prüfung bestanden.

Vierter Akt: Gott belehrt Hiob. Nun erreicht die Dichtung ihren Höhepunkt: Der durch Verlust und Schmerz auf höhere Erkenntnis Vorbereitete erhält Einblick in die göttliche Weltregierung. Eine Donnerstimme ertönt. Der Schöpfer selbst beschreibt die von ihm geordnete und mit seinen Segensgaben beschenkte Welt. Gott schuf die Erde, zwang das wilde Meer in seine Schranken, wies den Sternen am Himmel ihren Platz zu, schickt Regen auf die Erde, kümmert sich um die Tiere, um Ibis, Löwe, Steinbock, Heuschrecke und Adler. Behemot und Leviatan – Flusspferd und Wal – werden als ins Mythische gesteigerte, unbezwingbare Bestien geschildert. Von Gottes Rede überwältigt, lässt Hiob von seinem Hader ab und unterwirft sich seinem Schöpfer. Nun steht er nicht mehr an der Schwelle des Todes, sondern an der Schwelle des Lebens, in das er erneut aufgenommen wird.

Fünfter Akt: Epilog. Hiob erhält seine Gesundheit zurück sowie seinen Viehbestand in doppelter Größe. Auch werden ihm wieder Kinder geboren, sieben Söhne und drei Töchter. Nichts fehlt am Hirtenglück. Die früheren Bekannten, die wieder den Weg zu Hiob finden, feiern mit ihm die Wende seines Geschicks. Hiob lebt noch 140 Jahre; dann stirbt er «satt an Lebenstagen».

32. Was ist die Botschaft der Hiob-Dichtung? In der um 500 v. Chr. lebenden Generation bewegte ein einziger Fragenkreis die Intellektuellen des Volkes Israel: Wie ist es zum Untergang der judäischen Monarchie im Jahr 586 v. Chr. gekommen? Warum konnten die Babylonier den Jerusalemer Tempel zerstören, viele Menschen töten, Tausende nach Babylonien verschleppen und das Volk ins Unglück stürzen? Mit der politischen Antwort, dass die Babylonier militärisch überlegen waren, wollte man sich nicht zufrieden geben. Man brachte Gott ins Spiel. Zwei Antworten lagen miteinander im Streit:

(1) Das Unglück ist als Strafe Gottes für die Vergehen des Volkes zu werten. Gottes Gesetze gelten nur für das Volk Israel; solange sich das Volk an sie hält, geht es ihm gut; Ungehorsam wird durch Strafe geahndet. Diese Auffassung beherrscht die Bücher Exodus, Deuteronomium und jene Bücher, die von Israels Königen berichten und deren Geschichte als eine einzige Kette von Verstößen schildern. Auch das Danielbuch folgt diesem Muster.

(2) Leid und Unglück gibt es auch ohne individuelles oder kollektives Verschulden. Das menschliche Leben – Israels Leben wie alles Leben – steht prinzipiell unter Gottes Segen, doch dieser Segen muss sich gegen Widerstände durchsetzen, auf die Gott wenig Einfluss hat. Diese Lehre findet sich im Buch Hiob und in der Genesis. Auch im Neuen Testament herrscht sie vor. Es ist der Glaube derer, die Gottes Offenbarung in der Natur – und im geistlichen Drama (vgl. *Frage 31*) – mehr trauen als der Lehre von einer mosaischen Gesetzes-Offenbarung.

33. Warum wird der Prophet Jona von einem Fisch verschluckt? Die Antwort gibt das Buch Jona, eine Novelle mit märchenhaften Zügen: Es war einmal ein Prophet, der hieß Jona. Als er von Gott berufen wurde, in die assyrische Stadt Ninive zu reisen, um ihr Jahwes Strafgericht anzudrohen, sträubt er sich und will vor dem ungeliebten Auftrag fliehen. Also schifft er sich im Hafen von Jafo ein, um nach Spanien zu gelangen. Doch Jahwe entfesselt einen Sturm, der das Schiff in Gefahr bringt. Das Los soll offenbaren, wer für das Unglück verantwortlich ist. Es fällt auf Jona. Er wird über Bord geworfen – und wirklich legen sich Sturm und Wellengang.

Nun schickt Jahwe einen großen Fisch, der Jona verschlingt. Drei Tage und drei Nächte bleibt der Prophet im Bauch des Tieres, um dann unverdaut an Land ausgespuckt zu werden. Erneut erreicht ihn

der göttliche Auftrag, und Jona macht sich auf, um in Ninive zu verkünden: «Noch vierzig Tage, und Ninive ist zerstört.» Nach Bekannt-
gabe seiner Botschaft verlässt der Gottesmann die Stadt, um aus
sicherer Entfernung zu beobachten, was geschieht. Der König von Ninive ordnet strenges Fasten an: Alle sollen Bußgewänder anlegen, Gott
um Barmherzigkeit anflehen und sich von ihren bösen Taten abwen-
den. Tatsächlich lässt sich Gott umstimmen und verschont die Stadt –
zum Verdruss Jonas. Nun wendet sich Gott Jona zu, um ihn zu belehren: Er lässt eine schattenspendende Staude wachsen, die Jona vor der
Sonnenhitze schützt; als die Staude verdorrt, ist Jona todtraurig. Jetzt
kann Gott den Propheten aufklären: Ja, genauso traurig wäre ich,
wenn Ninive unterginge. – Die Botschaft der Erzählung lautet: Jona,
der ganz auf Ordnung und Strafe bedacht ist, muss belehrt werden;
ihm fehlt die fürsorgende Liebe, die Gott zu allen Geschöpfen hat.

34. Warum wird Daniel in eine Löwengrube geworfen? Die Antwort gibt die Danielnovelle (Daniel 1–6). Diese fiktive Erzählung
führt an den Hof des babylonischen Königs – und in die Nähe eines
als Grube angelegten Zwingers, in dem Löwen gehalten werden.
Die Tiere sollen die Macht des babylonischen Königs über die Natur
demonstrieren und die in die Grube geworfenen Übeltäter zerflei-
schen. Dieses Schicksal soll auch den Juden Daniel ereilen. Doch die
Löwen werden von Gott auf geheimnisvolle Weise gebändigt und
rühren ihn nicht an, so dass er lebend aus der Grube befreit wird.
Wie konnte es zu dieser Strafe für Daniel kommen?

Als Nebukadnezzar, der König von Babylonien, Jerusalem erobert hatte, ließ er junge Israeliten an seinen Hof kommen, die
nach einer Ausbildung in seinen Dienst treten sollten. Unter ihnen
befindet sich auch Daniel. Treue zum jüdischen Gesetz und geistige
Überlegenheit über die babylonischen Hofräte zeichnen Daniel
und seine Gefährten aus. Sie sind ihren väterlichen Bräuchen verpflichtet und ernähren sich vegetarisch, um sich nicht an den
Fleischspeisen der Heiden zu verunreinigen. Nebukadnezzar wird
auf Daniel aufmerksam, als dieser ihm einen Traum deutet. Zum
Lohn für die meisterhafte Deutung erhalten Daniel und seine
Gefährten hohe Staatsämter, werden aber im heidnischen Staat nicht
uneingeschränkt anerkannt. Ihr jüdischer Glaube verbietet ihnen,
fremde Götter zu verehren. Auch die göttliche Verehrung eines
irdischen Herrschers ist ihnen untersagt. Den Feinden von Daniels

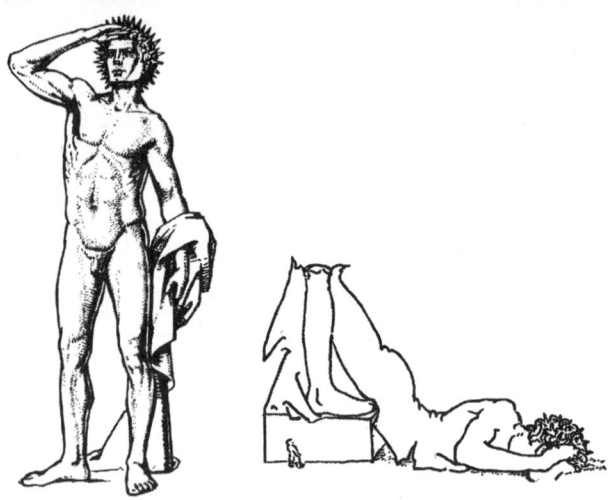

10 *Der Koloss von Rhodos*, in der Antike als eines der sieben Weltwunder gerühmt, war in seiner Zeit die größte Standfigur. Die um 295 v. Chr. auf der Insel Rhodos errichtete 30 Meter hohe Bronzestatue stellte den Gott Helios als schönen, aufrecht stehenden Jüngling dar. Sie stürzte im Jahr 226 v. Chr. bei einem Erdbeben, um nie wieder aufgerichtet zu werden. Ein Echo findet sich im Buch Daniel, wo das gestürzte Standbild für die Vergänglichkeit politischer Hegemonialmächte steht (Daniel 2). Alles Hohe muss einstürzen. – Moderne Rekonstruktionszeichnung.

Gefährten gelingt es, genau das von ihnen zu verlangen. So werden Daniels Freunde in einen glühenden Ofen geworfen, der sonst zur Läuterung von Metallen dient, doch sie verlassen den Ofen unversehrt (ein Märchenmotiv). Bei einem ähnlichen Vorkommnis richtet sich die Feindschaft gegen Daniel selbst, und er wird in die Löwengrube gestoßen.

Der Sinn solcher Erzählungen ist ohne weiteres ersichtlich: Juden können in den Dienst des heidnischen Staates treten und dort zu Amt und Würden kommen. Sie sind zwar Gefahren ausgesetzt, aber Gott beschützt sie und rettet sie auf wunderbare Weise, so dass ihnen nichts Schlimmes passieren kann – jedenfalls nicht, solange sie dem jüdischen Gott und seinen Gesetzen treu bleiben. Ein märchenhafter, fast heiterer Ton bestimmt die Erzählung.

35. Was sagt der Prophet Daniel über den Verlauf der Weltge-schichte? Das Buch Daniel handelt von dem Judäer Daniel, der am Hof des babylonischen Königs Dienst tut. Dem in der Wissenschaft von der Traumdeutung kundigen Beamten geben Träume Aufschluss über den Verlauf der Weltgeschichte und das Schicksal des jüdischen Volkes. Im Mittelpunkt der Erzählung stehen zwei Träume; den einen hat der babylonische König Nebukadnezzar, den anderen Daniel selbst (Daniel 2; 7). Im Traum sieht Nebukadnezzar die Kolossal-statue eines Mannes: Das Haupt ist aus Gold, Brust und Arme sind aus Silber, Bauch und Lenden aus Bronze, die Beine aus Eisen, die Füße teils aus Eisen, teils aus Ton. Von einem Felsbrocken getroffen, wird das Standbild zerstört *(Abb. 10)*.

In einem anderen Traum wird Daniel selbst Zeuge eines seltsa-men Geschehens: Die vier Winde des Himmels wühlen das Meer auf, und aus dem Meer erheben sich vier gewaltige Bestien: ein ge-flügelter Löwe, ein Bär und ein geflügelter mehrköpfiger Panther; das namenlos bleibende vierte Tier ist wohl ein Elefant, dem Hör-ner angedichtet werden. Beide Träume beziehen sich auf die Ab-folge der Imperien, die sich in der Herrschaft über die Welt des Orients ablösen. Jedes Reich wird in dem einen Traum durch einen Teil der Statue eines Menschen, in dem anderen durch ein mythi-sches Tier oder den Teil eines solchen Tieres repräsentiert:

Reich der Babylonier	– goldenes Haupt; geflügelter Löwe
Reich der Meder	– Brust und Arme aus Silber; Bär
Reich der Perser	– Bauch und Lenden aus Bronze; mehr-köpfiger Panther
Reich Alexanders des Großen	– Beine aus Eisen; gehörnter Elefant
Reiche der Diadochen	– Füße aus Eisen und Ton; Hörner des Elefanten

Die für die Juden schlimmste Zeit ist die der Diadochen, jener Män-ner, die das Reich Alexanders des Großen unter sich aufteilen. Zu ihnen gehört der als Judenfeind geschilderte seleukidische König Antiochus IV. Epiphanes (175–164 v. Chr.). Im Danielbuch erschei-nen die Diadochenreiche nicht als dauerhafte politische Gebilde, denn sie werden in Daniels Weissagung von einem weiteren Reich abgelöst. Von Gott beauftragt, wird ein mächtiger, als Menschen-sohn bezeichneter Engel dieses ewige Reich errichten, das nicht mehr im Zeichen einer Bestie steht, sondern im Zeichen des Menschen.

Die Botschaft des während der Herrschaft der Diadochen entstandenen Danielbuches lautet: Wie die anderen Reiche der Weltgeschichte untergegangen sind, so wird auch das Reich des Judenfeindes Antiochus untergehen.

36. Gibt es ein «Evangelium» im Alten Testament? «Evangelium» heißt «gute Nachricht». Tatsächlich gibt es ein Prophetenbuch, das – anders als andere prophetische Schriften des Alten Testaments – nicht von Gottes Strafe, sondern von kommendem Heil kündet. Es handelt sich um ein anonym überliefertes Buch, das wahrscheinlich in der zweiten Hälfte des 6. Jahrhunderts v. Chr. entstand. Es wurde an das Jesajabuch angehängt und wird deshalb heute auch als «zweiter Jesaja» oder «Deuterojesaja» bezeichnet (Jesaja 40–55).

Die Schrift erzählt davon, wie die aus Palästina nach Babylonien verschleppten Judäer für ihre Sünden büßen. Aber eine namenlos bleibende Gestalt, der «Gottesknecht», hat die Strafe auf sich genommen, bis zum Tod durchlitten und so den Weg zum Heil bereitet. Mit dem Knecht ist wahrscheinlich das Volk Israel selbst gemeint, doch erscheint er gelegentlich auch als Einzelperson und ist dann vielleicht mit dem anonymen Propheten Deuterojesaja selbst gleichzusetzen. Nun lässt Gott verkünden: Die Sünde ist gesühnt, Gott nimmt sich seines Volkes wieder an, wie sich Vater und Mutter eines Kindes annehmen. Von Gott dazu ausersehen und beauftragt, lässt der namentlich genannte Perserkönig Kyrus (Regierungsdaten ca. 559–530) die nach Babylonien deportierten Judäer wieder nach Palästina zurückkehren. Gottes besondere Liebe gilt der wieder erblühenden Stadt Jerusalem. Keine Waffe wird der volkreichen Stadt mehr etwas anhaben, und alle Bewohner werden ein hohes Alter erreichen.

Durch die Leidensgeschichte des Gottesknechts und die gute Nachricht von Gottes erneuter Nähe ist das Buch den Evangelien des Neuen Testaments vergleichbar. «Wie lieblich klingen die Schritte des Freudenboten», der gute Botschaft (= Evangelium) bringt, der Jerusalem zuruft: Das Reich Gottes ist da! (Jesaja 52,7). Den Ausdruck «das Evangelium des Alten Testaments» hat Johann Gottfried Herder vorgeschlagen (*Vom Geist der ebräischen Poesie*, Band 2, 1783).

Ein Prophet und die Folgen: Bücher des Neuen Testaments

37. Welcher Text ist der älteste im Neuen Testament? Zunächst erzählt das Neue Testament in den Evangelien das Leben Jesu (gest. ca. 30 n. Chr.), dann folgen die Briefe des Apostels Paulus (ca. 50–60), die aus der Geschichte der frühen Kirche berichten. Diese Anordnung der neutestamentlichen Schriften ist inhaltlich sinnvoll, entspricht jedoch nicht der Entstehungszeit. Paulus konnte noch kein einziges Evangelium lesen. Tatsächlich sind seine Briefe älter als die Evangelien. Als ältester Paulusbrief und damit als erstes schriftliches Dokument des Christentums gilt der 1. Thessalonicherbrief; etwa im Jahr 50 wurde er an die neu gegründete Gemeinde in der griechischen Stadt Thessaloniki geschickt.

Bereits im 1. Kapitel enthält der Brief mit Worten wie «Gnade», «der Herr Jesus Christus», «Evangelium», «Glaube» und «Kirche» eine tüchtige Portion aus dem neu geschaffenen christlichen Sprachschatz. Wer Christ wird, muss die neuen Wörter lernen. Die Missionspredigt des Paulus lautet: Das göttliche Zornesgericht über die Welt steht nahe bevor; es wird kommen «wie ein Dieb in der Nacht». Nur wer an Gott glaubt und «fest in der Gemeinschaft mit dem Herrn» Jesus Christus steht, wird der Verurteilung entkommen. Die Ungläubigen sind wie Menschen, die die Nacht schlafend verbringen oder – typisch für das antike Nachtleben – sich dem Wein hingeben. Nicht so die Gläubigen; nüchtern und wach, verhalten sie sich wie gepanzerte Wächter während der Nacht. «Wir aber, die wir dem Tag gehören, wollen nüchtern sein, angetan mit dem Panzer des Glaubens und der Liebe und dem Helm der Hoffnung auf Rettung. Gott hat uns nicht dazu bestimmt, dem Zornesgericht zu verfallen, sondern zur Rettung durch unseren Herrn Jesus Christus» (1 Thessalonicher 5,8–9).

Aus dem Brief lernen wir allerlei über Paulus: Ihm ist es in einer anderen Stadt, in Philippi, gerade schlecht ergangen – wahrscheinlich hat man ihn dort als lästig empfunden und verprügelt. Er verlangt kein Honorar für seine Lehre, denn er lebt als Wandermissionar von gelegentlich angenommener Lohnarbeit, vermutlich als Handwerker. Wie er, so sollen auch die Gläubigen leben: «Setzt eure Ehre darein, ruhig zu leben, euch um eure Aufgaben zu kümmern und mit euren Händen zu arbeiten.» (1 Thessalonicher 4,11) Die

Adressaten redet Paulus als «Brüder» an; aber in seiner Sorge um ihr geistliches Wohlergehen fühlt er sich eher als deren Vater oder Mutter.

38. Was hat Markus über Jesus herausgefunden? Ein früher Christ namens Markus war der erste, der einen zusammenhängenden Bericht über Jesus geschrieben hat. Er folgt dem Muster der antiken Biographie von Staatsmännern und Philosophen: In drei Teilen wird der Protagonist zuerst summarisch vorgestellt, dann folgt der Bericht über sein Wirken in Öffentlichkeit und Freundeskreis; den Abschluss bildet die Geschichte seines Todes. Das Markus-Evangelium hat folgenden Inhalt:

Vorstellung des Protagonisten: Eine rituelle Reinigung bereitet Jesus auf seine Sendung vor. Während Johannes der Täufer das Ritual im Jordan vollzieht, ertönt Gottes Stimme vom Himmel her: «Du bist mein geliebter Sohn»; gleichzeitig wird Jesus mit göttlichem Geist begabt, der ihn fortan zu Wundertaten befähigt. Nach diesem Ereignis zieht sich Jesus vierzig Tage lang in die Wüste zurück. Erst dann tritt er öffentlich auf und verkündet seine Botschaft: «Das Reich Gottes ist nahe; kehrt um zu Gott!»

Wirken in Öffentlichkeit und Freundeskreis: Unter dem Volk wirkt Jesus als Heiler und Lehrer. Vom Fieber heimgesuchte, gelähmte, hautkranke, verstümmelte, taubstumme, blinde, von bösen Geistern besessene Menschen werden durch einfache Gesten wie die Handauflegung geheilt. Die spektakulärsten Wunder sind die Auferweckung eines totgeglaubten Mädchens und die Vermehrung eines kleinen Vorrats an Brot und Fischen, mit dem Hunderte von Menschen gesättigt werden. Das Reich Gottes, so lehrt Jesus, gleiche einem Senfkorn: Es ist das kleinste der Samen, doch wenn es aufgeht, wird die Pflanze größer als alle anderen Gewächse. Als ein junger Mann fragt, was er tun solle, um ewiges Leben zu gewinnen, lautet Jesu Antwort: «Geh hin und verkaufe alles, was du hast, gib es den Armen; dann schließe dich mir an!» Jesus schart einen Freundeskreis von zwölf Männern um sich, denen er das Geheimnis des Gottesreiches anvertraut – gemeint ist wohl: die Macht, Kranke zu heilen. Drei dieser Männer – Petrus, Jakobus und Johannes – dürfen erleben, wie sich Jesus auf einem Berg in eine Lichtgestalt verwandelt; sie hören Gottes Stimme: «Das ist mein geliebter Sohn; auf ihn sollt ihr hören.» Im Kreis seiner Jünger kündigt Jesus seine Passion an: Er werde von

Hohenpriestern und Schriftgelehrten angefeindet und getötet werden, aber nach drei Tagen wieder auferstehen. Es werde zu schlimmen Verfolgungen seiner Anhänger kommen, doch dann werde der Menschensohn (zweifellos meint Jesus sich selbst) in Macht und Herrlichkeit wiederkommen, um seine Gemeinde zu sammeln. Diese Ereignisse seien nicht fern, sondern würden bald eintreten. Das Gespräch zwischen Jesus und seinen Jüngern gipfelt im Bekenntnis des Petrus, das er an den Meister richtet: «Du bist der Christus (Messias).»

Mehrfach treten Schriftgelehrte und Pharisäer auf und erheben Vorwürfe gegen Jesus: Er faste nicht, störe die Sabbatruhe, treibe mit Satans Hilfe böse Geister aus, seine Schüler reinigten sich vor dem Essen nicht die Hände. Jesus bleibt unbeeindruckt. Die alten Regeln über Unreinheit und unreine Speisen lehnt er ab. Was den Sabbat betrifft, so sei der Mensch Herr und nicht Diener des Ruhetags. Allerlei Fragen der Gelehrten beantwortet Jesus geduldig: Er spricht sich gegen die Ehescheidung aus, und er befürwortet die Zahlung von Steuern an den römischen Kaiser mit dem berühmten Satz: «Gebt dem Kaiser, was des Kaisers ist, gebt Gott, was Gottes ist.» Die Gebote von Nächstenliebe und Gottesliebe nennt er die größten.

Nachdem Jesus Händler aus dem Tempel verjagt hat – «Mein Haus soll ein Haus des Gebets sein» –, steigert sich die Kritik an Jesus zur Anfeindung. Man sucht ihn zu töten.

Der Tod des Protagonisten: Jesus kann noch ein letztes Mahl mit seinen Jüngern halten und Brot und Wein mit ihnen teilen, dann wird er von seinem Jünger Judas verraten. Die Polizei des Tempels nimmt ihn gefangen. Nach dem Verhör vor dem Hohen Rat der Juden und einem weiteren Verhör vor dem römischen Statthalter Pontius Pilatus wird Jesus ans Kreuz geschlagen, wo er stirbt. Ein vornehmer Ratsherr lässt ihn begraben. Als drei Frauen aus dem Freundeskreis Jesu – darunter Maria aus Magdala – am zweiten Tag nach der Bestattung das Grab aufsuchen, ist es leer. Ein Engel erscheint und teilt ihnen mit, Jesus sei auferstanden; sie sollen nach Galiläa gehen, wo er sich ihnen zeigen werde. Entsetzt ergreifen die Frauen die Flucht.

Soweit der Bericht des Markus. Denselben Stoff behandeln das Matthäus-, Lukas- und Johannes-Evangelium, oft in enger Anlehnung an Markus, doch unter Einbeziehung zusätzlicher Überlieferungen.

39. Was ist das Messiasgeheimnis? Das Markus-Evangelium besteht aus einer Sammlung einzelner Worte, die Jesus gesagt hat, sowie aus Anekdoten, die von seinen Taten berichten. Insgesamt gibt es in dieser Schrift etwa 70 solcher Aussprüche und Episoden. Markus hat sie nicht nur in eine chronologische Reihenfolge gebracht, sondern auch einer einheitlichen Idee unterstellt. Diese wird als «Messiasgeheimnis» bezeichnet. Jesus ist der Messias, der von Gott gesandte Erlöser. Das weiß Jesus selbst. Das weiß auch der allwissende Erzähler Markus. Seit dem Bekenntnis des Petrus – «Du bist der Christus (Messias)» – sind Jesu Jünger seine Mitwisser, doch Jesus verbietet ihnen streng, davon in der Öffentlichkeit zu sprechen. Dass er der Messias ist, muss ein Geheimnis bleiben.

Bemerkenswert ist der Ort, an dem Petrus sein Bekenntnis spricht, nämlich in Caesarea Philippi. Ganz im Norden von Palästina an den Jordanquellen gelegen, ist es so weit wie nur möglich von Jerusalem entfernt. Jesus ist stets bereit, seine Jünger ausführlich zu unterrichten und zu instruieren, und auch hier darf der Leser mithören, was der Messias in esoterischer Unterweisung mitteilt. Bis zuletzt hält Jesus an der Geheimhaltung fest. Auch im Verhör des römischen Präfekten Pilatus offenbart er sich nicht. Nur der Leser des Markus-Evangeliums weiß von Anfang an mehr als das Volk, unter dem Jesus seine Wunder tut und von Gottes Reich nur in andeutenden Gleichnissen spricht, ohne seine Rolle als Messias zu erwähnen. Jesus, so wird dem Leser suggeriert, hat eine geheime Mission.

Wollte man dem Markus-Evangelium einen modernen Titel geben, könnte dieser lauten: *Das Messiasgeheimnis. Ein wahrer Enthüllungsroman.* In der Frühzeit des Christentums war *Das Messiasgeheimnis* ein Bestseller; aus diesem Grund ist es bis heute erhalten geblieben als das – zumindest bei Theologen – beliebteste Evangelium. Beliebt ist das Markus-Evangelium bei kritischen Lesern nicht zuletzt wegen des vollständigen Verzichts auf jene legendären Erzählungen, die von Jungfrauengeburt, Krippenkind in Bethlehem, von Weisen aus dem Morgenland oder von rätselhaften Erscheinungen des auferstandenen Messias handeln.

40. Wie wird Jesus im Johannes-Evangelium dargestellt? Das Johannes-Evangelium erzählt die Geschichte von Jesu Leben und Werk mit zahlreichen historischen Fakten wie Zeitangaben oder Namen von Orten und Personen. Doch insgesamt herrscht hier mythologische Dichtung vor. Jesus erscheint als hoheitsvolle, göttliche Gestalt, die nur kurze Zeit auf Erden wandelt, um anschließend wieder dorthin zurückzukehren, woher sie gekommen ist: in den Himmel. Hier sind es nicht andere, die Jesu besondere Sendung anerkennen; Jesus selbst erhebt diesen Anspruch, den er in langen Reden erläutert und bekräftigt. Die Reden gipfeln in der mehrfach wiederholten Gleichsetzung von Jesus mit seinem göttlichen Vater. Beide sind ununterscheidbar: «Ich und der Vater sind eins. – Wer mich gesehen hat, hat den Vater gesehen. – Wer mich hasst, hasst auch meinen Vater.» (Johannes 10,30; 14,9; 15,23)

Schon auf der ersten Seite des Johannes-Evangeliums entwickelt ein Prolog (in Gedichtform) eine heilsgeschichtliche Schau, die im Verlauf des weiteren Textes verdeutlicht und ergänzt wird. Das Heilsdrama verläuft in mehreren Akten. Der *erste Akt* ist die Erschaffung der Welt: Am Anfang spricht Gott sein «Wort», und das «Wort» hat die Welt ins Dasein gerufen und durchdringt sie für immer mit Leben. *Zweiter Akt*: Die Welt wendet sich von ihrem Schöpfer und dessen Licht ab, um der Finsternis und dem Tod zu verfallen. Darauf muss es zu einem *dritten Akt* kommen: Nun sendet Gott sein «Wort» in die Welt. Dies geschieht dadurch, dass das «Wort» Menschengestalt annimmt, um in einer neuen Offenbarung der Welt Gnade und Wahrheit zu bringen und sie aus der Fülle des Göttlichen schöpfen zu lassen. *Vierter Akt*: Die Erscheinung Jesu Christi – des «Wortes» – in Menschengestalt führt zu einer Teilung der Menschen. Während sich nur wenige dem göttlichen Licht zuwenden, verharren die meisten in der Finsternis und bereiten dem Sohn Gottes einen schmählichen Tod. Vorher aber kann der Gottessohn seine Getreuen noch seiner Liebe versichern und ihnen den sie beschützenden Geist verheißen. *Fünfter Akt*: Nach dem Tod des Gottessohns bilden seine Getreuen eine mystische Gemeinschaft mit ihm. Gleichzeitig sind sie untereinander in enger Bruderliebe verbunden. Mag auch die Welt die Gläubigen hassen, sie lassen sich davon nicht beirren. Vielmehr erfahren sie, wie der Glaube sie schon diesseits des Grabes in den Zustand der wahren und bleibenden Auferstehung versetzt.

Zwei Stichworte – «Wort» und «Welt», griechisch: Logos und Kosmos – kennzeichnen die Sprache des Johannes-Evangeliums als Insider-Sprache, die nur von Eingeweihten verstanden wird. «Wort» ist eine Bezeichnung für Jesus, dem, in kühner Mythologie, eine Existenz vor der Erschaffung des Universums und eine Beteiligung an der Schöpfung zugeschrieben werden. Dagegen meint «Welt» die in Finsternis verharrende Menschheit, vertreten durch jene Juden, die Jesus nicht als den von Gott Gesandten anerkennen.

41. Warum erfahren wir nicht, wie Jesus aussah? Jeder Held eines modernen Romans wird genau beschrieben: Körpergröße, Augen- und Haarfarbe, Körperhaltung und physische Konstitution werden dem Leser vor Augen gestellt. Weder die Schriften des Alten noch die des Neuen Testaments enthalten solche Beschreibungen. Daher wissen wir auch nicht, wie Jesus aussah. Die Personenbeschreibung gehörte nicht zu den Darstellungsmitteln der biblischen Autoren.

Während die Bibel keine Personen beschreibt, finden sich in der griechischen und römischen Literatur zumindest Ansätze zu Personenporträts. Zunächst wurden nur Personen niederen Standes als lächerliche Zeitgenossen geschildert. Thersites, ein Grieche aus dem gemeinen Volk, wird von Homer als wenig attraktive Gestalt eingeführt: «Der hässlichste Mann, der gegen Troja gekommen: Säbelbeinig und hinkend auf einem Fuße, die Schultern höckrig, gegen die Brust zusammengebogen; darüber spitzte sich zu sein Kopf, besät mit spärlicher Wolle.» (*Ilias II*, 216–219) Ausführliche Porträts führender Männer liefert uns erst der Römer Sueton in seinen Biographien römischer Kaiser. Kaiser Tiberius (im Amt 14–37 n. Chr.) wird wie folgt geschildert: «Sein Körper war gedrungen und kräftig, seine Figur über Mittelgröße. Schultern und Brust waren breit, auch die übrigen Glieder bis zu den Füßen hinab ebenmäßig und wohlproportioniert. Seine linke Hand war geschickter und stärker. ... Sein Gesicht, von edlem Ausdruck, war von vielen, plötzlich auftretenden Pickeln entstellt. Seine Augen waren sehr groß. ... Tiberius schritt einher mit steifem, zurückgebogenem Nacken und fast immer mit ernster Miene. Meistens schwieg er.» (Sueton, *Kaiserbiographien: Tiberius* 68) Die Personenbeschreibung Suetons ist für die Literatur der westlichen Welt vorbildlich geworden – und lässt uns das Fehlen dieses Darstellungsmittels in der Bibel umso schmerzlicher vermissen.

42. Die Apostelgeschichte: Roman oder Geschichtsbuch? Nachrichten über die ersten drei Jahrzehnte der Kirche – die Zeit von etwa 30 bis 60 n. Chr. – verdanken wir einem einzigen Autor: Lukas, dem Verfasser der *Taten der Apostel*, so der Originaltitel der Apostelgeschichte. Es ist schwer zu entscheiden, ob dieses Werk eher als

Roman oder als Geschichtsbuch aufzufassen ist. Noch schwerer aber ist es, über Lukas etwas zu sagen, ohne selbst zum Romanautor zu werden. Doch gehen wir das Risiko ein! Einige Fakten rechtfertigen solches Vorgehen: der Name des Mannes, dem Lukas sein Werk widmet, die Reihenfolge der Entstehung der von Lukas (wohl zu Beginn des 2. Jahrhunderts) verfassten Schriften und literarische Bezüge innerhalb seines Werks.

Am Anfang steht die Freundschaft von Lukas mit dem Griechen Theophilus. Der eine verfügt über hohe Bildung und die Kunst des Schreibens, der andere zeichnet sich durch Neugier und Besitz aus. Theophilus wird für Lukas zum literarischen Auftraggeber und Gönner – sprich Geldgeber. Die erste Aufgabe, die ihm Theophilus stellt, einen Bericht über die Worte und Taten Jesu zu liefern, kann Lukas rasch erledigen, denn er muss für seinen Auftraggeber nur eine Handschrift abschreiben lassen, die er selbst besitzt: das Markus-Evangelium. Theophilus lässt sich das Buch vorlesen, vielleicht von Lukas selbst. Das Vorlesen nimmt etwa zwei Stunden in Anspruch. Da wird der Wunsch nach einer Fortsetzung laut. Kein Problem, meint Lukas, und macht sich an die Arbeit. Er konsultiert ältere Gemeindemitglieder, die ihm diese und jene Geschichte erzählen, manche legendär, manche auf verlässlicher Überlieferung beruhend. Dann wird alles zusammengestellt, ein Buch konzipiert und in mehreren Arbeitsschritten niedergeschrieben.

So entsteht die Apostelgeschichte. Der Leser spürt sofort: Zwei Seelen wohnen in der Brust des Autors – die Seele eines Romanciers und die eines Historikers. Der Historiker will keine Information übergehen; der Romancier dagegen will den Leser mit einer guten Erzählung unterhalten. Das Ergebnis ist ein historischer Roman. Als Lukas das Werk abgeschlossen hatte, befriedigte ihn die Jesusbiographie von Markus nicht mehr. Bei seinen Recherchen über die Apostel war er auf weitere Geschichten über Jesus gestoßen, wohl auch auf schriftliches Material. Wieder gab es einen Auftrag von Theophilus – und so entstand, als Nebenprodukt zur Apostelgeschichte, das Lukas-Evangelium, ein weiteres Glanzstück frühchristlicher Erzählkunst.

In der Apostelgeschichte schildert Lukas in mehr oder weniger romanhafter Form das Schicksal der frühen Kirche, die er als «Nazoräer-Bewegung» und «Christianer» bezeichnet. Immer mehr Menschen strömen der jungen Gemeinde zu, in Jerusalem, in verschiedenen Städten Syriens, Kleinasiens, Griechenlands und schließlich in Rom. Man erfährt von einer erstaunlich mobilen Gesellschaft, in der weite Wege zu Fuß zurückgelegt werden, aber wir hören auch von Christen als Schiffspassagieren. Die Helden der Erzählung sind die Apostel, die mit Ausnahme von Paulus Jesus persönlich gekannt haben und von ihm nach seinem Tod auf geheimnisvolle Weise belehrt worden sind. Unter den Aposteln ragen zwei Gestalten hervor: Petrus und Paulus.

43. Petrus und Paulus: Warum hat die Apostelgeschichte zwei Hauptpersonen? Die beiden Hauptpersonen der Apostelgeschichte repräsentieren zwei Richtungen im frühen Christentum. Petrus steht für eine Richtung, die sich als Reformbewegung innerhalb des Judentums versteht; ihre Urgemeinde ist in Jerusalem, die Mehrzahl der Mitglieder sprechen Aramäisch. Von Nicht-Juden, die sich der Bewegung anschließen, wird die Übernahme jüdischer Sitten verlangt, was bei Männern die Beschneidung bedeutet. Dagegen ist Paulus Anführer einer Richtung, die das Christentum als eine Glaubensgemeinschaft auffasst, die für alle Menschen offen ist. Ihr erstes Zentrum liegt in der Stadt Antiochia in Syrien, und ihre Mitglieder sprechen zumeist Griechisch. Wenn sich ein Nichtjude der Gemeinde anschließt, wird von ihm keine Übernahme jüdischer Sitten verlangt.

Beide Richtungen lagen im Streit miteinander. So berichtet Paulus im Galaterbrief von einer Auseinandersetzung mit Petrus – einem Streit, der sich zumindest zeitweise beilegen ließ (Galater 2).

Das paulinische Christentum wird von Lukas, dem Autor der Apostelgeschichte, unterstützt. Dabei wird jedoch das petrinische Christentum nicht abgelehnt, sondern in friedlicher Absicht umgedeutet. Nach Lukas stimmte Petrus in allem mit Paulus überein. Um die Gleichheit der beiden Protagonisten herauszustellen, werden ihnen dieselben Episoden zugeschrieben: Beide empfangen Offenbarungen von Gott oder Christus, heilen Kranke, halten mustergültige Predigten, geraten in Gefangenschaft, kommen aber auch wieder frei, und reisen zum Zweck der Mission. Besonders auffällig ist die griechische Bildung, die beiden zuerkannt wird. So beruft sich Paulus in seiner Rede vor dem Areopag in Athen ausdrücklich auf ein griechisches Dichterwort, demzufolge die Menschen «in Gott leben und sich bewegen und existieren» und «von Gottes Art» sind (Apostelgeschichte 17,28). Das Wort ist in den *Himmelserscheinungen* des

Dichters Aratos zu finden: «Voll von Zeus sind alle Straßen, voll alle Plätze der Menschen, voll das Meer und die Häfen. Überall brauchen wir alle Zeus. Wir sind ja auch von seinem Geschlecht. Er aber, den Menschen freundlich, gibt günstige Zeichen.» Petrus führt ein Wort des Sokrates an, wenn er in einer Verteidigungsrede vor Gericht sagt, man müsse «Gott mehr gehorchen als den Menschen» (Apostelgeschichte 5,29). Platon lässt den vor seine Richter tretenden Sokrates sagen: «Ich schätze und verehre euch, ihr Männer von Athen, doch gehorchen werde ich eher dem Gott als euch. Solange ich atme und dazu imstande bin, werde ich nicht aufhören zu philosophieren und auf euch einzureden. Jedem von euch, den ich treffe, werde ich ins Gewissen reden.» (Platon, *Apologie des Sokrates* 29 D)

Lukas beschreibt eine ideale, von Kontroversen freie Anfangszeit der Gemeinde. Irrlehrer, so wird hier suggeriert, treten erst auf, als die Apostel nicht mehr leben; erst dann ist die Einheit der Gemeinde gefährdet (Apostelgeschichte 20, 29–30).

44. Welche Bücher der Bibel sind Enthüllungsliteratur? Enthüllungsliteratur ist beliebt, denn sie verspricht Einblick in die wahren, bisher geheim gehaltenen Hintergründe politischer und weltgeschichtlicher Vorgänge. Doch während die modernen Enthüllungsbücher Vorgänge der Vergangenheit beleuchten (z. B. die Ermordung Kennedys 1963), blickt die biblische Enthüllungsliteratur auch in die Zukunft. Der Fachausdruck dafür ist «apokalyptische Literatur», das griechische Wort *apokálypsis* bedeutet «Enthüllung». Anders als ihr modernes Gegenstück beruft sich die biblische Enthüllungsliteratur nicht auf bisher unbekannte Dokumente, sondern auf göttliche Offenbarung. Sie bietet Wissen über das Schicksal des jüdischen Volkes oder der Kirche in einer Zeit der Bedrängnis.

Die Bibel enthält zwei apokalyptische Bücher: das Buch Daniel im Alten Testament und die Offenbarung des Johannes im Neuen Testament. Beide enthalten dieselben Bestandteile:

Der Seher – Daniel bzw. Johannes – hat bereits Anfeindungen wegen seiner Religion überstanden.

Er erhält von überirdischen Mächten wie Gott und Engeln durch einen Traum oder ähnliche Erlebnisse ein besonderes Wissen vermittelt, das ihn zum Berater seiner Glaubensgenossen qualifiziert.

Er bekommt Einblick in den unsichtbaren Hintergrund irdischer Ereignisse: Hinter den Feinden Israels bzw. der Kirche stehen böse

Geister; diese werden von Gott und seinen Engeln bekämpft. Gott, der die Auseinandersetzung von seinem himmlischen Thronsaal aus lenkt, wird letztlich siegen.

Der Seher schildert den bisherigen Verlauf der Geschichte – ein Geschehen von Not und Krieg – in verschlüsselter Weise und so, als handle es sich um eine Voraussage aus früherer Zeit, deren Richtigkeit sich dem Leser in der Gegenwart zeigt.

Mit der verschlüsselten Geschichtsschau ist eine Voraussage für die Zukunft verbunden. Sie lautet: Für Israel (im Falle des Danielbuches) bzw. die Kirche (im Falle des Buches der Offenbarung) wird alles gut. Für die Getreuen gibt es auch jenseits des irdischen Todes göttlichen Lohn.

Beide Schriften verschweigen die Namen zeitgenössischer Herrscher und anderer Personen auf der politischen Bühne. Der gebildete Leser soll die vom Autor gegebenen Hinweise selbst auswerten. Das gelang den ersten Lesern ohne Zweifel, den heutigen gelingt es nur noch zum Teil. Der irdische Feind des Danielbuches ist der Seleukidenkönig Antiochus Epiphanes (im Amt 175–164 v. Chr.); als Herrscher über Palästina stießen seine Versuche, das Judentum und den Kult am Tempel zu reformieren, auf erbitterten Widerstand, der zu staatlichen Maßnahmen gegen rebellische Juden führte und Todesopfer forderte. In den Jahren der Auseinandersetzung schrieb ein anonymer Autor das Danielbuch als Trostbuch für verfolgte Juden. – In der Offenbarung des Johannes ist der Feind vermutlich der römische Kaiser Nero (im Amt 54–68); nachdem bereits sein Vorgänger Kaiser Claudius im Jahr 49 die Ausweisung von Christen aus Rom veranlasst hatte, ließ Nero im Jahr 64 Christen hinrichten. Nach manchen Forschern ist nicht Nero, sondern ein anderer römischer Kaiser der im Buch gemeinte Feind der Christen; vorgeschlagen werden die Kaiser Domitian (81–96) und Hadrian (117–138).

45. Schildert die Offenbarung des Johannes den Weltuntergang?

Ja, aber noch viel mehr. Das Buch der Offenbarung, das auch Johannes-Apokalypse genannt wird, schildert, wie der Seher Johannes auf der Insel Patmos in den Himmel entrückt wird. Dort erlebt er den himmlischen Thronsaal mit Gott und Christus. In bizarren Visionen darf er den zukünftigen Verlauf der Weltgeschichte schauen, die ihm als Geschehen in zwei Akten vorgeführt wird: auf den ersten Akt «Chaos und Zerstörung» folgt als zweiter Akt «das neue Jerusalem».

11 *Die zwei Prediger und der Teufelsdrache.* Links zwei bürgerlich gekleidete Prediger mit sorgenvoller Miene. Von ihnen unbemerkt bleibt der Teufelsdrache; mit der Papstkrone geschmückt, setzt er zähnefletschend zum Angriff auf sie an. Der Leser des Buchs der Offenbarung weiß bereits um das Schicksal der Männer: Der Drache wird sie töten, ohne freilich über sie für immer triumphieren zu dürfen. Den Männern werden Auferstehung und Himmelfahrt verheißen (Offenbarung 11), während der Drache von einem Engel überwältigt werden wird. Der Künstler stellt den Gegensatz zwischen Kirche und Teufel als Gegensatz zwischen Reformation und Papsttum dar. – Lucas Cranach in Luthers «Septembertestament», 1522.

Die böse Welt muss in einer Katastrophe untergehen, damit eine neue, ideale Welt entstehen kann, in der die Erlösten ihre ewige Heimat finden.

Der erste Akt – der Weltuntergang – ist besonders eindrucksvoll (Offenbarung 8–9 und 16): Schlimme Plagen kommen über die Welt, die Menschen leiden an schmerzhaften Geschwüren, Wasser wird zu Blut, die Sonnenhitze wird unerträglich, Rauch steigt aus einem Schacht empor, zentnerschwerer feuriger Hagel fällt vom Himmel, die Sonne verfinstert sich, die Vegetation verbrennt, ein Berg stürzt ins Meer, ein Drittel der Menschheit kommt um – wie bei einem gewaltigen Vulkanausbruch. Als der Vesuv im Jahr 79 gewaltige Mengen Asche ausspuckte, kamen viertausend Menschen ums Leben. Mehrere Städte, darunter Pompeji, wurden unter heißer Asche begraben. Vielleicht stand Johannes unter dem Schock dieses Ereignisses.

Die Schilderung der Plagen ist das dramatische Rahmenwerk zu einem realen Geschehen, das, in Bildern verhüllt, jedem antiken Leser bekannt war: die Stürmung und Zerstörung Jerusalems durch römische Truppen unter dem Befehl des Titus im Sommer des Jahres 70. Der Seher sieht eine reich geschmückte Frau, die eine Stadt darstellt – Babylon; verächtlich wird sie als Hure geschildert. Die Stadt wird zerstört und geht in Flammen auf. Babylon ist ein Deckname für Jerusalem. Wie im Bild des Steinhagels angedeutet, haben die Römer Jerusalem mit zentnerschweren Steinen beschossen (Offenbarung 16,21; Josephus, *Jüdischer Krieg* V, 6,3). Ein für die Christen bedeutsames Geschehen aus dem jüdischen Krieg wird erwähnt: Die Gläubigen konnten die Stadt vor deren Zerstörung durch Flucht verlassen (Offenbarung 18,4).

Kein Leser kann sich dem Reiz einer solchen Bilderflut entziehen. Doch kein Leser kann jede Einzelheit verstehen. Auch die Entschlüsselung «Hure Babylon = Jerusalem» wird nicht von allen Fachleuten anerkannt.

46. Neues Jerusalem oder Tausendjähriges Reich: Was kommt am Ende der Weltgeschichte? Im Buch der Offenbarung wird der Seher Johannes in den Himmel versetzt; dort ist er Zuschauer einer Art Theateraufführung. Mit den Rollen Gott, Christus, Teufel, Engel, Gegner der Kirche und Gläubigen wird die Weltgeschichte gespielt. Im letzten Akt muss die auf den Sieg Gottes, Christi und der Gläubigen folgende Friedenszeit dargestellt werden. Aber wie? Dafür gibt es zwei Möglichkeiten: (1) Von Gott auferweckt, kehren die im End-kampf jung verstorbenen Gläubigen ins irdische Leben zurück. In einem Tausendjährigen Reich herrschen sie mit Christus, dem König, als dessen Minister. Ihr besonderes Privileg ist das hohe Alter, das sie erreichen: Sie werden so «alt wie Methusalem» *(s. Frage 27)*. (2) Ob tot oder lebend, verlassen die Gläubigen die irdische Welt, um in der Himmelsstadt, dem himmlischen Jerusalem, eine neue und ewige Heimat zu finden (die Vorstellung ist bei Paulus belegt: Galater 4,26).

In der Johannes-Offenbarung werden die beiden möglichen Szena-rien miteinander verknüpft. Dazu ist es nötig, das himmlische Jeru-salem auf die Erde niedersteigen zu lassen (Offenbarung 21,2). So entsteht ein mehrschichtiges, nicht völlig einheitliches Bild vom Ende der Weltgeschichte. Die Uneinheitlichkeit hat den Scharfsinn der Bibelleser aller Zeiten herausgefordert und zu fantasievollen Vor-stellungen geführt. Justin der Märtyrer (gest. ca. 165) und heutige Fundamentalisten erwarten die baldige Wiederkunft Christi; mit ihm sollen alle Heiligen wirklich und wahrhaftig tausend Jahre in einem neuen, größeren und schöneren Jerusalem leben. Diese Erwar-tung teilt der Kirchenvater Augustinus (354–430) nicht; für ihn ist das Tausendjährige Reich die Zeit der Kirche, die mit der Auferste-hung Jesu begonnen hat. Wir leben also im Tausendjährigen Reich, das noch nicht an sein Ende gekommen ist. Wieder andere haben die Erwartung eines Tausendjährigen Reiches ihres religiösen Bezugs entkleidet: Das Reich komme nicht von selbst und aus dem Jenseits, sondern müsse durch menschliche Bemühung entstehen – als eine gerechte Welt, die weder Krieg noch Unterdrückung und Ausbeu-tung von Menschen mehr kenne.

Historiker und Archäologen haben das Wort

47. Ist das Alte Testament ein Geschichtsbuch?

Wenn biblische Erzählungen über Adam und Eva, Abraham, Jakob, Mose, David und Salomo berichten, haben wir es nach heutiger Auffassung selten mit historischer Erinnerung zu tun. Es handelt sich um Gestalten, die ganz oder zum Teil erzählerischer Phantasie entstammen. Nur versuchsweise lassen sich dem Mythos und der Sage manchmal noch Hinweise auf historische Personen und Ereignisse entnehmen. Dennoch erlaubt uns die Bibel, ergänzt durch außerbiblische Quellen wie z. B. althebräische Inschriften, archäologische Befunde und Erwähnungen des biblischen Volkes in nichtbiblischen Texten, die Umrisse der Geschichte des Volkes Israel zu erkennen. Diese Geschichte verläuft in vier Phasen von etwa 1200 v. Chr. bis 100 n. Chr.: Volkwerdung (Ethnogenese), Staatsbildung, Krise (Niedergang, Staatszerfall) und Nachleben. Bei vielen Völkern lassen sich dieselben Phasen beobachten; im Falle Israels sind sie besonders charakteristisch.

Am Anfang steht die *Volkwerdung*. Völker sind keine Naturgegebenheiten, sondern historische Gebilde. In der Zeit zwischen etwa 1200 und 1000 haben sich Menschen verschiedener Herkunft in das wenig zugängliche Bergland Palästinas zurückgezogen. Manche lebten hier bereits längere Zeit, andere kamen aus der Küstenebene, andere aus den angrenzenden Steppen- und Wüstengebieten. Sie fanden zu gemeinsamer Sprache (Hebräisch), Religion (Verehrung des Gottes Jahwe) und rudimentärer politischer Kooperation in Zeiten militärischer Bedrängnis.

Die Volkwerdung mündete in eine *Staatsbildung* – die Herausbildung eines stabilen Königtums, das sich neben der Selbstverwaltung durch örtliche und regionale Versammlungen von Ältesten etablierte. Königtum, Verwaltung, Militär, Steuerwesen und Religionswesen (königliche Tempel) wurden im judäischen Bergland nicht neu erfunden, sondern bereits seit langem bestehenden Institutionen in Nachbarländern wie Ägypten nachgebildet. Als erste Könige werden in der Bibel Saul, David und Salomo genannt. Über die Größe des von ihnen kontrollierten Gebiets wissen wir wenig; es dürfte in der biblischen Erzählung größer geschildert sein als es in Wirklichkeit war. Seiner Hauptaufgabe, der Kriegführung, kam der König durch die Einrichtung eines Heeres nach, das sich vermutlich aus stehendem Heer und Heerbann zusammensetzte. Die biblische Erzählung stellt an den Anfang ein Großreich, das nach Salomos Tod (um 930 v. Chr.) in ein Nord- und ein Südreich – Israel und Juda – auseinander gebrochen sein soll. Ob es ein solches Großreich tatsächlich gegeben hat, ist umstritten; manche Historiker rechnen vor dem 9. Jahrhundert nicht mit sehr gefestigten staatlichen Strukturen.

Für *Krise*, Niedergang und Zerfall des Staates verantwortlich waren die Großmächte Vorderasiens: die Assyrer und die Babylonier. Beide hatten ihr Zentrum in Mesopotamien (heute: Irak), beide stützten sich auf ihre zahlenmäßige militärische Überlegenheit. Sowohl das Nordreich Israel als auch das Südreich Juda wurden im Laufe des 9. und 8. Jahrhunderts von Assyrien abhängig und den Assyrern tributpflichtig. Versuche, sich der Oberherrschaft zu entziehen, scheiterten. Sie führten zum Untergang des Nordreichs Israel und seiner Hauptstadt Samaria im Jahr 722 v. Chr., des Südreichs im Jahr 586 v. Chr. In beiden Fällen setzte die Großmacht die Methode der Verschleppung und Verpflanzung der politisch aktiven Schicht in einen anderen Teil des Reiches als Disziplinarmaßnahme ein: Israeliten wurden nach Assyrien, Judäer nach Babylonien verschleppt. Als im Jahre 539 die persische Herrschaft die der Babylonier ablöste, kehrten einige Judäer nach Palästina zurück. Sie konnten zwar keinen eigenen Staat mehr gründen, aber den Tempel in Jerusalem wieder aufbauen.

Der untergegangene Staat hatte ein *Nachleben* in der Gestalt der neu gebildeten jüdischen Kultur, die aus der alten israelitisch-judäischen Überlieferung schöpfte, das Traditionsgut jedoch stark umgestaltete. Die neue Kultur, die sich um 500 v. Chr. etablierte, hatte ihren Schwerpunkt in der Religion. Deren Träger waren die am Jerusalemer Tempel tätigen Priester, eine Gelehrtenschicht in Palästina und in der Diaspora (zuerst im Zweistromland und in Ägypten, dann in Kleinasien, Griechenland und Rom) und die religiösen Ortsgemeinden mit ihren Synagogen. Eine Sammlung von Büchern – die Bibel – bildete die Grundlage der gesamten religiösen Kultur. Wir haben es hier mit der Schaffung eines neuen Typs von Religion zu tun: der Buchreligion. Die Verwandlung einer politischen in eine religiöse Kultur ist das charakteristische, bis heute sichtbare Ergebnis der Geschichte des Volkes Israel.

48. Wie ist das Volk Israel entstanden? In der Bibel finden sich drei unterschiedliche Theorien über die Herkunft und Eigenart des Volkes Israel: (1) Das Volk ist eine Abstammungsgemeinschaft; es entstand durch die starke Vermehrung der Familie Abrahams. So das Buch Genesis. (2) Das Volk entstand aus einer Kriegergemeinschaft, die das Land Kanaan erobert hat; so das Buch Josua. (3) Das Buch Exodus versteht das Volk als Schicksalsgemeinschaft von Vorderasiaten, die in Ägypten als Sklaven lebten, sich durch Flucht befreiten und durch Mose eine einheitliche Religion bekamen.

Heutiger Forschung zufolge kann keine der drei Theorien beanspruchen, die Ethnogenese (Volkwerdung) Israels historisch zutreffend zu beschreiben. Unter Historikern beliebt ist heute die Annahme, Israel sei als politische Gemeinschaft durch die Verschmelzung von Gruppen unterschiedlicher Herkunft entstanden. Für diese Annahme spricht der archäologische Befund.

Im wenig zugänglichen palästinischen Bergland – ungefähr zwischen Jerusalem im Süden und der Jesreelebene im Norden – wurden zwischen 1150 und 1000 v. Chr. etwa dreihundert Dörfer mit jeweils 100 bis 250 Einwohnern gegründet. Über die Herkunft der Bewohner ist wenig bekannt. Wahrscheinlich haben sich Migranten verschiedener Herkunft in die Berge zurückgezogen. Einige mögen aus den Steppen- und Wüstengebieten gekommen sein, andere aus der Küstenebene, wo sie von den Philistern verdrängt worden waren. Alle haben sich der Kontrolle der teilweise noch bestehenden bronzezeitlichen Städte Kanaans und der Herrschaft der Ägypter entzogen. Die Ägypter verloren in jener Zeit die Kontrolle über ihre früheren vorderasiatischen Besitzungen.

In diesem Milieu scheint sich allmählich – zweifellos unter der Führung einer Elite – das Bewusstsein von einer Zusammengehörigkeit gebildet zu haben. Man sprach dieselbe Sprache – das Hebräische – und verehrte denselben Gott, Jahwe.

49. Wer hat die Städte Jericho und Hazor zerstört? Die Bibel berichtet vom Einmarsch bewaffneter Israeliten nach Palästina unter der Führung des Feldherrn Josua. Dieser habe zahlreiche Städte erobert und die Kontrolle über das ganze Land gewonnen. Besonders anschaulich fällt die Erzählung über die Eroberung der Städte Jericho und Hazor aus (Josua 6 und 11). Die gewaltigen Mauern Jerichos seien eingestürzt, nachdem Josuas Priester und Krieger die Stadt mehrmals unter Kriegsgeschrei umschritten hätten. Dann seien alle Bewohner getötet, die Stadt selbst niedergebrannt worden. Unweit von Hazor sei das kanaanitische Heer in einer Feldschlacht geschlagen worden, anschließend habe man Hazor gestürmt, den König getötet und die Stadt zerstört.

Beide Städte lassen sich lokalisieren: Jericho liegt nördlich des Toten Meeres im Jordangraben; Hazor nördlich des Sees Gennesaret. In beiden Fällen stieß die archäologische Forschung auf bedeutende antike Siedlungsreste, die einen Blick in die bewegte Geschichte früher Stadtsiedlungen ermöglichen. Jericho entpuppte sich als eine der ältesten urbanen Siedlungen der Welt; ihre Anfänge reichen in die Zeit um 12 000 v. Chr. zurück; eine große Feuersbrunst zerstörte die Stadt um 1550 v. Chr. (nach der C-14-Methode errechnet); erst etwa hundert Jahre später kam es zu bescheidener Wiederbesiedlung, ohne dass die Befestigungsanlage wiedererrichtet worden wäre. Hazor reicht nicht so weit in die Vorgeschichte zurück; ihre Anfänge werden auf 2500 v. Chr. angesetzt. Archäologisch erkennbare Zerstörungen durch große Feuersbrünste lassen sich auf ca. 1550 und 1250 v. Chr. datieren; nach der letztgenannten Zerstörung kam es erst wieder im 10. Jahrhundert (oder später?) zu einer befestigten Stadtanlage.

Wie ist der archäologische Befund zu deuten? In allen Fällen ist eine Zerstörung durch ägyptisches Militär möglich, denn Ägypten war damals die stärkste Militärmacht. Bei dieser Annahme wären die biblischen Erzählungen ohne Anhalt an der historischen Realität. Doch sind in zwei Fällen auch andere, der Bibel nahestehende Erklärungen möglich, die allerdings nicht mit einem israelitischen Heer unter Josua rechnen. Die Zerstörung Jerichos um 1550 könnte auf ein Erdbeben zurückzuführen sein, das sich in der sagenhaften Erzählung vom Kollaps der Stadtmauern im Josuabuch spiegeln mag. Schuld an der Zerstörung der Stadt Hazor um 1250 mag ein Aufstand der Landbevölkerung gegen Hazor sein. An diesem mögen sich Menschen beteiligt haben, die später zum Volk Israel gerechnet wurden.

50. Warum lag der israelitische König Jehu dem Assyrerkönig zu Füßen? Der biblische Bericht zeichnet ein positives Bild von König Jehu, der 28 Jahre an der Spitze des Nordreichs Israel stand (ungefähr 841–813 v. Chr.). Jehu soll vom Propheten Elischa zum König gesalbt worden sein und im Nordreich den Götzendienst ausgerottet

12 *König Salmanassar III. und Jehu von Israel.* Den Trinkbecher in Friedensgeste erhebend, nimmt der assyrische Herrscher die Huldigung des ihm zu Füßen liegenden israelitischen Königs Jehu entgegen. Einer der vier bartlosen Diener – also ein Eunuch – hält einen Sonnenschirm über den behelmten Salmanassar, ein weiterer fächelt ihm Luft zu. Jehu, der sich selbst demütigt, ist nur mit Mütze und einfachem, kurzärmeligem Fransenhemd beklei-det, ohne den sonst darüber getragenen Mantel. – Schwarzer Obelisk, ca. 827 v. Chr., British Museum, London.

haben, indem er alle «Propheten des Baal» töten ließ (2 Könige 9–10). Die historische Richtigkeit dieser Angaben können wir nicht nach-prüfen. Belegen lässt sich jedoch die Existenz von König Jehu, da des-sen Name mehrfach in assyrischen Inschriften genannt ist. Die Assy-rer waren in jener Zeit die stärkste militärische und politische Macht in Vorderasien. Als solche verlangten sie Tribut von den vorderasiati-schen Kleinstaaten. In der Bibel selbst erfahren wir nichts von einem Tribut, den Jehu dem Assyrerkönig Salmanassar III. (858–824) ge-leistet hätte, doch assyrische Inschriften erwähnen ihn.

Im Jahr 1846 hat Austen Henry Layard in der antiken Stadt Kal-chu (heute Nimrud, unweit von Mosul im Irak) nach antiken Monu-menten gegraben. Der britische Ausgräber fand einen etwa 2 Meter hohen Pfeiler aus schwarzem Kalkstein mit sorgfältig ausgeführten Reliefs und damals noch unentzifferten Inschriften. Heute befindet sich das Fundstück unter der Bezeichnung «Schwarzer Obelisk» im Britischen Museum. Als die Inschrift 1850 von Edward Hinks und Henry Rawlinson entziffert wurde, war die Überraschung groß: Unter den dargestellten Gestalten erkannte man den israelitischen König Jehu *(Abb. 12).* Die Beischrift lautet: «Den Tribut des Jehu von

Bet-Omri – Silber, Gold, eine Schale aus Gold, eine Schüssel aus Gold, Kelche aus Gold, Eimer aus Gold, Zinn, ein Zepter für die Hand des Königs – empfing ich von ihm.» Die unterwürfige Geste des Jehu darf nicht missverstanden werden: Jehu wird nicht als Besiegter, sondern als Freund des Assyrerkönigs dargestellt. Erst etwa hundert Jahre nach Jehu kam es zum Streit zwischen dem Nordreich Israel und den Assyrern. Im Jahr 721 v. Chr. eroberten die Assyrer das Nordreich Israel und seine Hauptstadt Samaria und betrachteten das Gebiet als Provinz. Das Königreich Juda mit der Hauptstadt Jerusalem bestand dagegen noch über hundert Jahre in relativer Selbständigkeit weiter.

51. Was ist das Gründungsdokument der jüdischen Religion? Im Judentum gilt der Pentateuch, d. h. die fünf Bücher Mose, als Gründungsurkunde der jüdischen Religion. Er bildet den Kern der jüdischen Bibel. Dabei fällt der Genesis (1. Mose) die Rolle des Prologs zu, die Satzung (hebräisch: Thora = Weisung) in den Büchern Exodus (2. Mose), Levitikus (3. Mose), Numeri (4. Mose) und Deuteronomium (5. Mose) regelt zum Teil bis heute das Leben und die Religion. Typisch ist die Zusammenstellung von Geboten und Regeln in Listen. Die wichtigste Liste ist die der Zehn Gebote, welche die bildlose Alleinverehrung des einen Gottes einschärft und es zur Pflicht macht, die Sabbatruhe einzuhalten. Weitere Listen nennen die «unreinen», für den Verzehr nicht geeigneten Tiere wie das Schwein (Levitikus 11, Deuteronomium 14) oder die im Jahreskreis gefeierten Feste (Levitikus 23, Deuteronomium 16). Alle Vorschriften sind in eine Erzählung eingebettet, die mit der Befreiung des Volkes Israel aus Ägypten beginnt. Mose, der im Auftrag Gottes die wunderbare Befreiung leitet, führt das Volk an einen heiligen Berg in der Wüste; der Berg trägt im Buch Exodus den Namen Sinai, im Deuteronomium den Namen Horeb. An diesem Berg, so wird erzählt, hat Israels Gott seinem Volk die Gebote übergeben.

Betrachtet man die Bücher Mose genauer, kann man zwei ähnliche, im Einzelnen jedoch unterschiedliche Fassungen einer jüdischen Lebensordnung entdecken. Die Bücher Exodus bis Numeri entwerfen eine priesterlich-kultische Lebensordnung, in deren Mittelpunkt der Tempel steht, dargestellt als transportables Kultzelt, welches das Volk auf seiner Wanderung durch die Wüste begleitet. Verantwortlich für den Kult ist der Hohepriester Aaron, der Bruder des Mose. Anders das Buch Deuteronomium: Hier treten kultische

Interessen zurück. Entworfen wird eine politische Lebensordnung für das Volk, das von Ältesten, einem König und Gelehrten (Leviten) geleitet werden soll.

Aus welcher Zeit stammen diese Ordnungsbücher? Nicht aus der Zeit des Mose (um 1200 v. Chr.?), wie der Text selbst nahelegt, sondern aus viel späterer Zeit. Das große Offenbarungsgeschehen am heiligen Berg ist als Dichtung zu verstehen. Wann genau sie entstanden ist, lässt sich schwer sagen. Am ehesten kommen dafür das 6. und 5. Jahrhundert in Frage, also Israels nachmonarchische Zeit: die Zeit der Babylonischen Gefangenschaft (598–540 v. Chr.) und die Zeit, in der Palästina unter persischer Verwaltung stand. Jahwes Kultzelt spiegelt das Prunkzelt des Perserkönigs, das diesen auf Reisen begleitete. Die Hosen der Priester (Exodus 28,42) sind persische Kleidungsstücke. Als um 500 der Jerusalemer Tempel neu errichtet wurde (der alte war 586 zerstört worden), haben Israels Intellektuelle begonnen, die Religion und insgesamt das Leben ihres Volkes neu zu regeln. Dafür wurde der Pentateuch geschaffen, ein umfangreiches Werk, dessen Mehrstimmigkeit den Scharfsinn der jüdischen Schriftgelehrten und der Forscher bis heute herausfordert.

52. War Jesus eine historische Persönlichkeit? Jesus ist eine historische Persönlichkeit, darin sind sich alle ernst zu nehmenden Forscher einig. Doch die biblischen Berichte zeigen ein von Legenden überwuchertes Bild, auch darüber besteht Einigkeit. Wie soll man die zuverlässigen Fakten von späterer Übermalung trennen? Das ist nicht leicht, wie ein Blick in die Jesusbücher zeigt, die fast jedes Jahr neu erscheinen. Eine Orientierung bietet die folgende Liste von Fakten, die als am besten verbürgt gelten können (nach E. P. Sanders, *Sohn Gottes. Eine historische Biographie Jesu*, 1996):

(1) Jesus verbrachte seine Kindheit und Jugend in Nazareth, einem Dorf in Galiläa. (2) Von Johannes dem Täufer ließ er sich taufen. (3) Er sammelte Jünger um sich. (4) Er lehrte in den Kleinstädten, Dörfern und auf dem Land in Galiläa; offenbar nicht in den großen Städten. (5) Er verkündete das «Reich Gottes». (6) Er zog nach Jerusalem zum Passafest. (7) Sein Auftreten im Tempelbezirk führte zu Unruhen. (8) Er nahm mit seinen Jüngern ein letztes Mahl ein. (9) Er wurde auf Veranlassung des Hohenpriesters verhaftet. (10) Auf Befehl des römischen Präfekten Pontius Pilatus wurde er durch Kreuzigung hingerichtet.

So weit das Leben Jesu. Es lassen sich Fakten über die Entstehung der Kirche anfügen: (11) Jesu Jünger ergriffen die Flucht. (12) Jesus erschien Einzelnen von ihnen nach seinem Tod (auf welche Weise, ist unklar). (13) Sie gewannen die Überzeugung, er werde wiederkehren und ein Königreich gründen. (14) Sie bildeten eine Gemeinschaft, die Jesu Lehre pflegte und auf seine Wiederkunft wartete.

Geburts- und Todesjahr Jesu lassen sich nicht exakt bestimmen. Die uns geläufige, im 5. Jahrhundert entstandene Zeitrechnung «nach Christi Geburt» hält einer genauen Nachprüfung nicht stand, denn wir kennen Jesu Geburtsjahr nicht. Ob Jesus bei seinem ersten Auftreten tatsächlich «etwa dreißig Jahre alt» war (Lukas 3,23), lässt sich nicht nachprüfen. Auch sein Todesjahr ist nicht sicher anzugeben. Als sicher gilt seine Kreuzigung während der Präfektur von Pontius Pilatus, der zwischen 26 (oder 19) und 37 n. Chr. im Amt war. Das führt auf ein Todesjahr um 30 n. Chr.

53. Ist Bethlehem Jesu Geburtsort?

Bethlehem liegt etwa 8 Kilometer südlich von Jerusalem. Nach übereinstimmendem Bericht des Matthäus- und des Lukas-Evangeliums wurde Jesus dort geboren. Die Geburtsgeschichten der beiden Evangelien unterscheiden sich stark: (1) Nach Lukas leben Josef und Maria in Nazareth in Galiläa. Wegen einer Steuererhebung muss Josef in seine Vaterstadt Bethlehem ziehen. Dorthin reist er mit seiner schwangeren Frau. Quartier finden sie in einem Stall, wo Maria ihren Sohn zur Welt bringt. Von einem Engel auf die Geburt aufmerksam gemacht, besuchen Hirten das in eine Krippe gelegte Kind. (2) Nach Matthäus besitzen Josef und Maria ein Haus in Bethlehem, wo sie leben. Dort bringt Maria ihren Sohn zur Welt. Das neugeborene Kind wird von persischen Priestern (Magiern) besucht, die durch einen seltsamen Stern auf die Geburt eines Königs der Juden aufmerksam geworden sind. Großzügig beschenken sie das Kind, um dann wieder in ihre Heimat zurückzukehren. Sie vermeiden den Kontakt zu König Herodes, der sie beauftragt hatte, ihm über das Kind zu berichten. Über das Verschwinden der Magier erzürnt, lässt Herodes alle kleinen Knaben Bethlehems töten. Jesus entkommt, da sich die Familie dem Massaker durch Flucht nach Ägypten entzieht.

Beide Berichte sind Legenden aus der zweiten oder dritten christlichen Generation. Selbst der gemeinsame Zug – die Geburt Jesu in Bethlehem – gilt der historischen Forschung als suspekt. Jesu Herkunft aus Nazareth in Galiläa ist wahrscheinlicher. Bethlehem ist ein Ort großer nationaler Erinnerung: Aus dieser Stadt stammt König David. Durch das Wort des Propheten Nathan hatte Gott den Nachkommen Davids ewige Herrschaft verheißen (2 Samuel 7). Das Michabuch erwartet einen König und Heilbringer aus Bethlehem (Micha 5,1–3). Um Jesu besondere Bedeutung zu unterstreichen, verlegt die Legende Jesu Geburtsort nach Bethlehem und macht seinen Vater Josef zu einem Nachkommen Davids.

54. Hat Jesus Wunder gewirkt? Von Jesus werden allerlei Wundertaten berichtet: Auf seinen Befehl legt sich ein Sturm, er wandelt über den See ohne unterzugehen, mit wenigen von ihm gesegneten Broten können Hunderte von Menschen gesättigt werden («Brotvermehrung»), er befreit eine Frau vom Fieber, er gibt einem Blinden das Augenlicht wieder, er bringt sogar Tote ins Leben zurück. Oft ist von der Heilung von Menschen die Rede, die von bösen Geistern – Krankheitsgeistern – besessen sind (Markus 9,14–27). Wie bei Wundern üblich, vollzieht sich das Geschehen stets augenblicklich. Haben solche Wunder stattgefunden? Was ist von den Berichten zu halten?

Alle Wundererzählungen wollen Jesus als einen Menschen von übermenschlichen Kräften feiern. Manche Wunder dürften nie stattgefunden haben. Heute gelten sämtliche «Naturwunder», bei denen Naturgesetze außer Kraft zu setzen wären, als rein legendär, etwa das Wandeln über den See und die Sturmstillung (Markus 4,35–39; 6,49). Dagegen stehen Jesu Heilungen einer grundsätzlich anderen Beurteilung zumindest offen. Mediziner und Psychotherapeuten kennen Lähmung, Erblindung, Sprach- und Gehörverlust, die anhalten, solange unbewusste Ängste den Zugang des Willens zur Motorik der Muskulatur oder zur Wahrnehmung blockieren. Begegnungen mit einer beeindruckenden, liebenden und Vertrauen einflößenden Person – und ähnliche emotionale Erlebnisse – können neue Kraft mobilisieren. Auf diese Weise können selbst langdauernde sogenannte psychoneurotische Symptome verschwinden. Bei den entsprechenden Symptomen liegen keine Organschädigungen vor – und deshalb kann es zu spontaner Heilung kommen. Solche «Spontanremissionen» werden auch heute noch als Wunder erlebt. Anders verhält es sich bei psychosomatischen Erkrankungen, wo aufgrund seelischer Fehlsteuerung echte körperliche Erkrankungen vorliegen, zum Beispiel Bluthochdruck und Magenbeschwerden. In diesem Fall handelt es sich um organische Veränderungen, die sich nicht durch «Wunderheilung» wegzaubern lassen. Hier müssen Therapeut und Patient geduldig und oft lange zusammenarbeiten, um die psychische Mitverursachung einer Krankheit auszuschalten (Eugen Drewermann, *Hat der Glaube Hoffnung?*, 2000).

55. Welche Jesusworte der Evangelien stammen nicht von Jesus?
Die Evangelien erscheinen bei einer ersten Lektüre als zuverlässige Berichte über die Worte und Taten Jesu. Dieser Eindruck trügt. Manche Aussprüche Jesu erwecken den Verdacht, nicht auf Jesus selbst zurückzugehen, sondern von den Evangelisten oder anderen frühen Jesusanhängern zu stammen. Gute Beispiele hierfür finden sich im Matthäus-Evangelium. Wer diese Schrift genau liest, entdeckt mehrere Aussprüche, die – ohne Namensnennung – auf Paulus gemünzt sind. Um das Jahr 30 konnte Jesus selbst von Paulus noch nichts wissen. Während Paulus in den 50er Jahren für ein christliches Leben wirbt, das auf traditionelles jüdisches Brauchtum verzichtet, stellt sich das Matthäus-Evangelium (um 80 oder 90 n. Chr.) gegen eine solche Auffassung – und legt seine Kritik Jesus in den Mund. Dazu gehören folgende unechte Jesusworte:

(1) Jesus: Am Buchstaben des jüdischen Gesetzes ist nicht zu rütteln; alles bis ins Kleinste bleibt gültig. Wer auch nur eines der Gebote missachtet und andere in diesem Sinne unterweist, wird der Kleinste im Himmelreich sein. (Matthäus 5,17–19) – Der die Gebote missachtet und andere dies lehrt, ist kein anderer als Paulus. (2) Jesus: Hütet euch vor den falschen Propheten! An den Früchten werdet ihr sie erkennen. Jeder Baum, der keine guten Früchte bringt, wird umgehauen und ins Feuer geworfen. (7,15–20) – Wiederum ist an Paulus gedacht. Während der zuvor genannte Spruch Paulus noch den «Kleinsten» im Himmelreich sein lässt, wünscht ihn dieser Spruch ins höllische Feuer. (3) Jesus: Wer zu mir «Herr, Herr» sagt, aber das jüdische Gesetz nicht befolgt, wird nicht ins Himmelreich kommen; zu solchen Menschen werde ich sagen: «Weg von mir, ihr Übertreter des Gesetzes.» (7,21–23) – Paulus, der Jesus stets als «Herrn» bezeichnet, wird als Übertreter des Gesetzes gebrandmarkt. (4) Jesus: Wehe euch, ihr Pharisäer! Ihr zieht über Land und Meer, um einen einzigen Menschen für euren Glauben zu gewinnen. Ist er gewonnen, macht ihr ihn zu einem Sohn der Hölle, doppelt so schlimm wie ihr selbst (23,15). – Auch hier ist Paulus gemeint. Er ist

der einzige bekannte Pharisäer, der Missionsreisen unternommen hat. Wiederum wünscht ihn Jesus in die Hölle.

In den Schriften des Neuen Testaments spiegeln sich zwei Parteien, die Petrus-Partei und die Paulus-Partei. Die Paulus-Partei ist eine Kirche aus Nichtjuden, die nicht am jüdischen Brauchtum festhält: Sie liest die Paulusbriefe und zieht das Markus-Evangelium den anderen Evangelien vor. Anders die Petrus-Partei: Sie verpflichtet alle Gläubigen auf «das Gesetz», d. h. auf jüdisches Brauchtum, von dem kein Buchstabe vergessen werden soll. Beide Parteien bekämpfen sich heftig. Paulus nennt die Petrus-Anhänger «Lügenapostel» (2 Korinther 11,12–15). Das Matthäus-Evangelium ist der Petrus-Partei zuzurechnen – und scheut sich nicht, Jesus Worte gegen Paulus in den Mund zu legen. Nur eine sorgfältige historische Kritik kann das unechte Jesuswort vom echten trennen.

56. Gibt es nichtchristliche Zeugnisse über Jesus? Das ausführlichste nichtchristliche Zeugnis über Jesus findet sich in den *Jüdischen Altertümern*. Das Werk wurde von dem jüdischen Aristokraten Flavius Josephus in griechischer Sprache in Rom verfasst und etwa 93 n. Chr. abgeschlossen. Es behandelt die gesamte Geschichte Israels von den biblischen Anfängen bis zum 1. Jahrhundert n. Chr. Josephus erwähnt das Christentum mehrmals, wenn auch nur in sehr knappen Notizen. Die ausführlichste hat folgenden Wortlaut:

> Um diese Zeit lebte Jesus, ein weiser Mensch, wenn man ihn überhaupt einen Menschen nennen darf. Er war nämlich der Vollbringer ganz unglaublicher Taten und der Lehrer jener Menschen, die mit Freuden die Wahrheit annehmen. Viele Juden und auch viele Griechen gewann er für sich. Er war der Christus. Und als ihn Pilatus auf Betreiben der Vornehmsten unseres Volkes zum Kreuzestod verurteilte, wurden seine früheren Anhänger ihm nicht untreu. Er erschien ihnen nämlich am dritten Tage wieder lebend, wie gottgesandte Propheten dies und tausend andere wunderbare Dinge von ihm gesagt hatten. Und noch bis auf den heutigen Tag ist das Volk der Christen (*christianoi*), die sich nach ihm nennen, nicht verschwunden. (*Jüdische Altertümer* XVIII, 63–64, das sog. Testimonium Flavianum)

Seit langem hat sich die Forschung mit dieser Notiz beschäftigt, ohne zu einem einheitlichen Urteil zu gelangen. Zwei Meinungen stehen einander gegenüber: (1) Der Abschnitt stammt nicht von Josephus. Es handelt es sich um eine christliche Notiz, die ein früher

Kopist in das Werk eingefügt hat. (2) Als den Pharisäern nahestehender Jude bekennt sich Josephus nicht zum Christentum, sondern teilt nur mit, was er über Jesus erfahren hat. Für ihn ist Jesus ein «weiser Mensch» *(sophos anêr)* – ein Titel, den die Antike nur wenigen zuerkennt, etwa Pythagoras und Sokrates. Josephus selbst gibt diesen Titel sonst nur noch dem alttestamentlichen Propheten Daniel *(Jüdische Altertümer* X, 237).

Wie soll ich leben?

57. Welche Lebensweisheit lehrte König Salomo?

Der Legende nach war Salomo der weiseste aller Menschen; als solcher hat er auch die Erziehung der Jugend begründet und dafür ein Lehrbuch geschaffen: das Buch der Sprichwörter Salomos. Durch kunstvoll gedrechselte Sprüche, Gedichte, Mahnreden und kleine belehrende Porträts des Faulenzers, des Trinkers und der tüchtigen Gutsherrin will «Salomo» der männlichen Jugend praktische Lebensweisheit vermitteln. Das Lehrbuch stammt zwar nicht von Salomo selbst, sondern aus späterer Zeit, doch auf seinen Namen wollten die uns unbekannten Autoren in Anspielung auf die Legende nicht verzichten. Einige typische Sprüche aus der Sammlung verraten ihren Ton:

> Jede Arbeit bringt Erfolg, (leeres) Geschwätz führt zu Mangel. (Sprichwörter 14,23)
> Falsche Waage ist Jahwe ein Gräuel. (11,1)
> Wer einen Feigenbaum pflegt, wird seine Frucht essen; wer auf seinen Herrn achtgibt, wird geehrt. (27,18; Weisheit eines Dieners!)
> Mach dich rar im Hause deines Nächsten, sonst wird er dich satt und verabscheut dich. (25,17)

Nur auf der Grundlage von Fleiß kann bäuerliche Arbeit gelingen. Der junge Mann soll sich von allen fernhalten, deren Moral in Wort und Tat zweifelhaft ist. Der gute und kluge Mensch (Luther: «der Gerechte» oder «Weise») wird stets dem schlechten, bösen Menschen (Luther: «Frevler» und «Tor») gegenübergestellt. Empfohlen wird eine Moral des Anstands, in der sich Fleiß und Sparsamkeit mit Redlichkeit und Ehrlichkeit paaren. Solche Weisheit führt nicht in philosophische Höhen. Sie dient der Bewältigung des Alltags in einer vormodernen Gesellschaft, die den Einzelnen zu einem geregelten Leben verpflichtet, sonst aber kaum vor Herausforderungen stellt.

Vom 16. bis zum 19. Jahrhundert galt das Buch der Sprichwörter als grundlegendes Erziehungsbuch der westlichen Welt. Martin Luther riet, es als «täglich Handbuch» zu benutzen (Vorrede auf die Bücher Salomonis, 1534). Es wurde zum Lieblingsbuch aller, die das ganze Leben streng an der Bibel ausrichten, wie z. B. die Puritaner in England und Amerika. Der Humanist Erasmus von Rotterdam und der Freidenker Benjamin Franklin hielten das Buch für unentbehrlich. Erst im 20. Jahrhundert versiegte das Interesse an biblischer Lebensweisheit. Doch der Inhalt des Buches hat nichts an Aktualität verloren. Auch nach Auffassung heutiger Philosophen beruht alles menschliche Zusammenleben und Wohlergehen letztlich auf der «einfachen Sittlichkeit» (Otto Friedrich Bollnow), dem anständigen Verhalten der einfachen Leute, wie es im Buch der Sprichwörter gelehrt wird.

58. Hat der Autor des Buchs der Sprichwörter von einem anderen Buch abgeschrieben? Mehrere Schriften der alten Ägypter geben Ratschläge zur erfolgreichen Lebens- und Amtsführung. Verfasser sind im Amt ergraute hohe Beamte, Adressaten die Schüler, die sich auf den Dienst im Staat vorbereiten. Als solche Schriften erstmals entziffert und in moderne Sprachen übersetzt wurden, fiel sofort die Verwandtschaft mit dem biblischen Buch der Sprichwörter auf. Viele Anweisungen des 22. und 23. Kapitels lassen sich als Nachbildung ägyptischer Lehrsprüche erklären. In der Lehre des Ägypters Amenemope für seinen Sohn, die um 1200 v. Chr. entstand, heißt es: «Verrücke nicht den Markstein auf den Grenzen der Felder, und verschiebe nicht die Messschnur von ihrer Stelle. Sei nicht gierig nach einer Elle Ackers, und vergreife dich nicht an den Feldgrenzen einer Witwe.» Eine ganz ähnliche Anordnung ist auch in das Buch der Sprichwörter eingegangen: «Verrücke nicht die uralte Grenze, und dring nicht ein in die Felder der Waisen.» (Sprichwörter 23,10) In der Lehre des Amenemope heißt es: «Wenn dir Schätze durch Betrug zukommen, so bleiben sie nicht über Nacht bei dir. ... Sie haben sich Flügel gemacht wie Gänse und sind zum Himmel geflogen.» Und im Buch der Sprichwörter: «Mühe dich nicht ab um Reichtum, da spar dir deine Klugheit! Lässt du deine Augen darüber gleiten, ist er schon weg; denn er macht sich Flügel, wie ein Adler entfliegt er zum Himmel.» (Sprichwörter 23,4–5) Die ägyptischen Wildgänse sind in Palästina zum Adler geworden. Vielleicht haben die Lehrer, die in Israel die Beamten ausbildeten, das Buch der Sprichwörter nach ägyptischem Vorbild als Übungsstoff für den Schreibunterricht zusammengestellt. Die Ägypter galten als Meister der Lebensweisheit. Auch die Bibel hat von ihnen gelernt.

59. Du sollst, du sollst nicht: Was schreiben die Zehn Gebote vor? Die Zehn Gebote, die mit einem griechischen Fremdwort auch «Dekalog» genannt werden, gehören zu den bekanntesten Bibeltexten. Sie sind zweimal in der Bibel zu finden, im Buch Exodus und im Buch Deuteronomium (Exodus 20, Deuteronomium 5). Der Verstoß gegen «das sechste Gebot» ist unter Katholiken und Lutheranern sprichwörtlich. Doch da beginnt bereits die Verwirrung: In den reformierten Kirchen, die vor allem auf die Reformatoren Zwingli und Calvin zurückgehen, wird das Verbot des Ehebruchs als siebtes Gebot gezählt.

A = katholische und lutherische Zählung
B = reformierte Zählung im Heidelberger Katechismus

A	B	Gebote in Kurzfassung
1	1	Du sollst keine anderen Götter haben!
–	2	Du sollst dir kein Gottesbild machen!
2	3	Du sollst den Namen Gottes nicht missbrauchen!
3	4	Halte den Sabbat heilig!
4	5	Ehre Vater und Mutter!
5	6	Du sollst nicht töten!
6	7	Du sollst nicht die Ehe brechen!
7	8	Du sollst nicht stehlen!
8	9	Du sollst nichts Falsches aussagen!
9	10	Du sollst nicht die Frau deines Nächsten begehren!
10	10	Du sollst nicht das Haus deines Nächsten begehren!

Die Bibel spricht zwar von «zehn Worten», nummeriert jedoch die Gebote nicht, daher die verschiedenen Zählweisen. Die im Folgenden zugrunde gelegte reformierte Zählung (Spalte B) dürfte den Sinn am besten erfassen.

Das 1. Gebot verbietet die Verehrung anderer Götter; nur Jahwe soll verehrt werden. Während biblischer Zeit hat sich Israels Religion vom Polytheismus zum Monotheismus entwickelt, letzterer hat sich allerdings nie völlig durchgesetzt. Bis in die Zeit des frühen Christentums blieb ein Polytheismus lebendig, der neben Jahwe eine zweite göttliche Position kannte, besetzt mit einer Weisheitsgöttin oder einem höchsten Engelwesen *(s. Frage 69)*. Das 2. Gebot oder Bilderverbot verbietet die Herstellung und Verehrung eines Jahwebildes. In alter Zeit wurde Jahwe im Nordreich Israel in Gestalt eines Stierbildes verehrt, im Südreich Juda besaß der erste Jerusalemer Tempel vermutlich eine menschengestaltige Sitzfigur Gottes. Als nach der Zerstörung des ersten Tempels um 500 v. Chr. ein zweiter gebaut wurde, gab es jedoch kein Bild mehr. Beim 3. Gebot ist an den Miss-brauch des Gottesnamens beim Schwören im Rechtswesen gedacht; durch Anrufung des göttlichen Namens konnte man sich von einer Beschuldigung befreien, wenn es keine Zeugen gab (sog. Reinigungs-eid).

Das 4. Gebot oder Sabbatgebot stammt wohl aus dem 6. Jahrhun-dert v. Chr.; in älterer Zeit gab es einen monatlichen, aber keinen wöchentlichen Ruhetag. Vorgeschrieben wird nur Arbeitsruhe, von religiösen Pflichten ist nicht die Rede. Das 5. Gebot – Elternehrung – bezieht sich auch außerhalb Israels im Alten Orient auf die Versor-gung der alten Eltern durch ihre erwachsenen Kinder. Beim 6. Gebot – Tötungsverbot – ist nicht an Kriegshandlungen und Todesstrafe gedacht, sondern an hinterhältigen und vorsätzlichen Mord persön-licher Feinde. Das 7. Gebot – Verbot des Ehebruchs – bedarf keiner Erläuterung. Dasselbe gilt vom 8. Gebot, dem Verbot des Diebstahls. Das 9. Gebot hat nicht jede Lüge im Blick, sondern nur die Falsch-aussage, die einen Prozessgegner beschuldigt und diesen schädigt oder ihn sogar das Leben kostet.

Das 10. Gebot überschneidet sich weder mit dem Verbot des Ehe-bruchs noch mit dem Verbot des Diebstahls. Es liegt ein eigener Tat-bestand vor: Ist ein Mann längere Zeit von seiner Frau und seinem Besitz abwesend (z. B. durch Krieg oder Verschleppung), dann ist es anderen Männern verboten, sich die Frau samt des Besitzes anzueig-nen. Das Gebot beruht auf einer Bestimmung des antiken Rechts-wesens. In der *Odyssee* sehen wir, wie sich eine Frau an eine solche Regel hält: Obwohl Penelope von vielen Männern umworben wird, wartet sie geduldig auf Odysseus, der schließlich – nach zehnjähri-gem Krieg und zehnjähriger Irrfahrt – nach Hause kommt. Nach spätrömischem Recht darf eine Frau, deren Ehemann verschollen ist, erst nach fünf Jahren eine neue Ehe eingehen.

Das erfolgreichste der Zehn Gebote ist das Gebot des wöchent-lichen arbeitsfreien Tags. Es wird heute auf der ganzen Welt befolgt.

60. Gibt es in der Bibel auch Philosophie? Das Buch Kohelet, das in vielen Bibelausgaben auch «Der Prediger Salomo» heißt, ist die einzige philosophische Schrift der Bibel. «Kohelet» ist wahrschein-lich kein Eigenname, sondern ein Titel mit der Bedeutung «Vorste-her eines Vereins». Wir haben es mit der Schrift des Vorstehers eines philosophischen Vereins zu tun, der mit seinen Schülern über jene

Fragen diskutiert, die Immanuel Kant zu drei Grundfragen gebündelt hat: Was kann ich wissen? Was darf ich hoffen? Was soll ich tun? Auf alle drei Fragen weiß Kohelet eine Antwort:

Was kann ich wissen? Nur wenig! Die Zeitgenossen, die viel Wissen über die Vergangenheit aus Werken der Geschichtsschreibung schöpfen können, müssen sich von Kohelet belehren lassen: Über die Zukunft können wir nichts wissen.

Was darf ich hoffen? Viele Weisheitslehrer behaupten, menschliches Wohlverhalten ziehe ein glückliches, von Unglück und Not verschontes Leben nach sich. Das stimmt nicht, sagt der Autor. Außerdem ist die Hoffnung auf ein Leben nach dem Tod unbegründet. Mensch und Tier haben dasselbe Schicksal (Kohelet 3,19).

Was soll ich tun? Kohelet erteilt nur wenige Ratschläge. Sie seien hier – unter Verzicht auf Kohelets poetische Sprache – in Prosa gefasst: (1) Bemühe dich immer um Weisheit. Selbst das geringe Wissen, das man erreichen kann, ist für das Leben von Vorteil. Weder Reichtum noch Macht können Wissen und Weisheit ersetzen. (2) Was immer du tust, tu es mit Eifer und Verstand. Bedenke: Den Erfolg hast du nie in der Hand! (3) Verbünde dich mit einem anderen oder wenigen anderen Menschen; nur so lässt sich das Leben bewältigen. (4) Übe Zurückhaltung in der Religion. Gott lässt sich nicht durch Opfergaben bestechen. Dem von Gott bestimmten Schicksal kannst du nicht entgehen. (5) Leben, Besitz, eine Frau (hier spricht ein Mann mit Männern!), Essen und Trinken: das alles sollst du genießen, wenn du die Möglichkeit dazu hast. Gegen solchen Genuss ist nichts einzuwenden. Dieser Rat durchzieht das Buch Kohelet wie ein Refrain. Dennoch ist Kohelet zu nüchtern, um ein ausschweifendes Leben mit «Wein, Weib und Gesang» zu empfehlen. (6) Weisheit und Gerechtigkeit geben nicht immer die beste Orientierung. Manchmal muss man auch tricksen – aber übertreibe das Abweichen vom geraden Weg nicht! (Diese uns vielleicht überraschende, aber sehr einsichtige Lehre vom Kompromiss mit der Untugend findet sich Kohelet 7,16–18.)

Der Philosoph gibt kein Beispiel für den letztgenannten Rat. Nach dem Zusammenhang ist vermutlich an listigen Widerstand gegen die Steuereintreiber der Ptolemäer oder Seleukiden im Palästina der Zeit um 200 v. Chr. gedacht. Gegen Ausbeutung kann sich der kleine Mann nur wehren, wenn er zur List greift, um geheimen Widerstand zu leisten. Kohelet zählt die List zu jenen Praktiken der Klugheit, die das Überleben in einer feindlichen Umwelt ermöglichen. Nach Kohelets Spruch «Ein lebender Hund ist besser als ein toter Löwe» (9,4) gehört sie zu den Verhaltensweisen des «Hundes».

61. Gehört der Prediger Salomo zur Schule des Diogenes? Die Philosophie, die wir im «Prediger Salomo», dem Buch Kohelet, finden, lässt sich als jüdische Variante der sogenannten kynischen Philosophie verstehen. Der Kynismus, eine Schule der griechischen Philosophie, hat in Diogenes (403–323 v. Chr.) ihren emblematischen Vertreter: Er lebt in einer Tonne (statt einem Haus) und verzichtet auf alle Annehmlichkeiten des Lebens, um alle Sorgen los zu sein, die Beruf und Familie mit sich bringen. Man verspottet ihn als «Hund», was seiner Philosophie den Namen Kynismus (Hundephilosophie) einbringt. Manche Kyniker fanden die Haltung des Diogenes zu streng und zu spartanisch. Sie nahmen sich lieber Aristippos (435–355 v. Chr.) zum Vorbild, einen Lebenskünstler, der dem Genuss nicht abgeneigt war, sich aber auch mit wenig zufrieden gab, wenn es sein musste.

Beide Richtungen der kynischen Schule – die spartanische, strenge des Diogenes wie die heitere, die sich auf Aristippos berief – scheinen Kohelet gleichermaßen beeindruckt zu haben. Das «spartanische» Thema der Abwendung vom Reichtum beherrscht den ersten Teil seiner Schrift. Kohelet wendet sich vom Reichtum ab, denn dieser vermag keine Befriedigung zu bieten – ein geläufiges kynisches Thema. Diese Haltung spiegelt sich in einer philosophischen Erzählung, deren Ausgang allerdings nur angedeutet wird: Ein König bedenkt die Freuden, die ihm sein unerschöpflicher Besitz vermittelt, um deren Leere und Ungenügen zu entdecken; so entledigt er sich seines Besitzes, um fortan als armer Philosoph zu leben. Vielleicht ist dies die als Märchen verkleidete Autobiographie des einst wohlhabenden ersten jüdischen Kynikers. Die Summe seiner Erkenntnisse fasst er in das Wort: «Wer zu den Lebenden gehört, hat Hoffnung; denn ein lebender Hund ist besser als ein toter Löwe.» (Kohelet 9,4) Die königliche Existenz wird durch den Löwen vertreten, doch ist das Königtum tot und der Löwe ein Kadaver. Der Selbstvergleich des Philosophen mit einem Hund lässt sich als Hinweis auf den Kynismus verstehen. Ein weiterer Hinweis findet sich in dem Satz, den jeder Kyniker sagen könnte: «Lieber eine Handvoll und Ruhe, als beide Hände voll und Arbeit und Luftgespinst.» (Kohelet 4,6)

Im zweiten Teil des Buches Kohelet steht das aristippische Thema des Lebensgenusses im Mittelpunkt. Der Leser wird ermahnt, Überfluss, Tafelfreuden und die Liebe zu genießen, solange das Schicksal es erlaubt. «Auf, iss dein Brot mit Freude und trink deinen Wein mit frohem Herzen, denn schon längst hat Gott dieses Tun gebilligt. Jederzeit seien deine Kleider weiß, und an Öl auf deinem Haupt soll es nicht fehlen. Genieße das Leben mit einer Frau, die du liebst.» (Kohelet 9,7–9) Das Leben geht rasch vorbei – und die Gelegenheit zum Genuss ebenfalls. Das Leben insgesamt erscheint dem Philosophen als kurz und nichtig. Kohelets Lieblingssatz «alles ist eitel» (Luther) oder «alles ist Windhauch» (Einheitsübersetzung) findet eine Entsprechung in dem kynischen Vers: «Was immer ist, ist Dunst und Wahngebilde nur.» (Monimos, 4. Jahrhundert v. Chr.)

62. Welche Lebensregeln stellt Jesus in der Bergpredigt auf?

Nach dem Bericht im Matthäus-Evangelium beginnt Jesus seine Tätigkeit mit einer öffentlichen Rede; als Ort wählt er einen Berghang, der den Zuhörern den Blick auf den Lehrer ermöglicht. Die «Bergpredigt» (Matthäus 5–7) ist als Grundsatzrede gestaltet: Sie fasst zusammen, was Jesus über sittliches und religiöses Verhalten öffentlich lehrt und speziell von seinen Anhängern fordert. Die meisten Regeln dürften auf Jesus selbst zurückgehen.

Die folgende Liste der ethischen Gebote beginnt mit der «Goldenen Regel», die in der Philosophie bis heute als Grundsatz sittlichen Verhaltens anerkannt wird:

Alles, was ihr von anderen erwartet, das tut auch ihnen. (Matthäus 7,12)

Zürne keinem – jeder, der seinem Bruder auch nur zürnt, soll dem göttlichen Gericht verfallen. (5,22)

Schließe ohne Zögern Frieden mit deinem Gegner. (5,25)

Richtet nicht andere, damit ihr nicht gerichtet werdet! (7,1)

Warum siehst du den Splitter im Auge deines Bruders, aber den Balken in deinen Augen bemerkst du nicht? (7,3)

Wer eine Frau auch nur lüstern ansieht, hat in seinem Herzen schon Ehebruch begangen. (5,28)

Wenn dich dein Auge zum Bösen verführt, reiß es aus und wirf es weg. (5,29)

Wer eine Frau [aus der Ehe] entlässt, obwohl kein Fall von Unzucht vorliegt, liefert sie dem Ehebruch aus. (5,32)

Wer eine Frau heiratet, die aus der Ehe entlassen worden ist, begeht Ehebruch. (5,32)

Leistet dem, der euch Böses antut, keinen Widerstand. (5,39)

Wenn dich einer auf die rechte Wange schlägt, halte ihm auch die linke hin. (5,39)

Wer dich bittet, dem gib, wer von dir borgen will, den weise nicht ab. (5,42)

Liebet eure Feinde und betet für die, die euch verfolgen. (5,44)

Sorgt euch nicht um euer Leben und darum, dass ihr etwas zu essen habt. Seht euch die Vögel des Himmels an: Sie säen nicht, sie ernten nicht und sammeln keine Vorräte. (6,25–26)

Die Weisung Jesu «Liebe deinen Nächsten wie dich selbst» steht nicht in der Bergpredigt. Sie wird im Matthäus-Evangelium jedoch zweimal ausdrücklich genannt (Matthäus 19,19; 22,39). Die Aufforderung zur Nächstenliebe ist nichts anderes als eine der vielen Formulierungen der Goldenen Regel; in der Bergpredigt lautet sie: «Alles, was ihr von anderen erwartet, das tut auch ihnen.»

Die ethischen Regeln werden ergänzt durch solche, die sich speziell auf religiöses Handeln beziehen. Am Anfang stehen Regeln über Fasten und Almosengeben:

Hütet euch davor, eure Frömmigkeit vor den Menschen zur Schau zu stellen. (Matthäus 6,1)

Wenn du fastest, mach kein finsteres Gesicht. (6,16)

Wenn du Almosen gibst, soll deine Linke nicht wissen, was deine Rechte tut. Dein Almosen soll verborgen bleiben. (6,3–4)

Wenn du betest, geh in deine Kammer und schließ die Tür zu. (6,6)

Bittet [Gott], dann wird euch gegeben, sucht, dann werdet ihr finden, klopft an, dann wird euch geöffnet. (7,7)

Wenn ihr betet, sollt ihr nicht plappern wie die Heiden. (6,7)

So sollt ihr [öffentlich] beten: «Vater unser im Himmel» (usw.). (6,9–13)

Leistet keinen Schwur. Euer Ja sei Ja, euer Nein sei Nein; alles andere stammt vom Bösen. (5,34.37)

Bevor du eine Opfergabe zum Altar bringst, versöhne dich mit deinem Bruder. (5,23–24)

Wenn ihr den Menschen nicht vergebt, wird euch Gott auch nicht vergeben. (6,15)

Sammelt nicht Schätze auf Erden, sondern sammelt euch Schätze im Himmel. (6,19–20)

Niemand kann zwei Herren dienen, Gott und dem Mammon. (6,24)

Leo Tolstoi hat die ethische Lehre Jesu für sich selbst zu fünf Geboten verdichtet: Sei bestrebt, keinem Menschen zu schaden; sei Frauen gegenüber zurückhaltend; bleibe stets bei der Wahrheit; leide lieber Unrecht als dass du anderen Unrecht tust; diskriminiere keine Fremden (L. Tolstoi, *Kurze Darlegung des Evangeliums*, 1892). Das zuletzt genannte Gebot ist Tolstois Fassung der Aufforderung Jesu zur Feindesliebe.

63. Gelten Jesu Lebensregeln nur für Heilige?

«Hütet euch davor, eure Frömmigkeit vor den Menschen zur Schau zu stellen.» Solche Weisungen der Bergpredigt (Matthäus 5–7) lassen sich relativ leicht verwirklichen. Bei anderen gibt es Probleme. An drei Weisungen der Bergpredigt scheiden sich bis heute die Geister: (1) dem Verbot des Eides, (2) dem Verbot der Ehescheidung und (3) dem Gebot, dem Bösen keinen Widerstand entgegenzusetzen, d. h. Gewalt nicht durch Gewalt zu beantworten.

Verbot des Eides: Der im deutschen Rechtswesen vorgeschriebene Dialog bei der Zeugenvereidigung lautet:

> Richter: Sie schwören bei Gott dem Allmächtigen und Allwissenden, dass Sie nach bestem Wissen und Gewissen die Wahrheit gesagt und nichts verschwiegen haben.
> Zeuge: Ich schwöre es, so wahr mir Gott helfe.

Es steht dem Zeugen frei, auch eine andere, nicht-religiöse Eidesformel zu wählen. Bei Jesu Verbot des Eides geht es jedoch nicht um den Gebrauch einer religiösen Formel, sondern um das Schwören überhaupt. Jede Form von Eidesleistung wird heute mit Berufung auf die Bergpredigt von manchen christlichen Gruppen abgelehnt, z. B. von den Zeugen Jehovas, während Katholiken und Protestanten das Schwören im Rechtswesen bejahen.

Verbot der Ehescheidung: Konservative christliche Gruppen sind generell gegen die Ehescheidung, doch halten viele mit Hinweis auf den Wortlaut der Bergpredigt (Matthäus 5,32) die Ehescheidung im Fall von Ehebruch für legitim. Das katholische Kirchenrecht lehnt die Scheidung ganz ab; nach katholischer Auffassung lässt sich jedoch eine bereits geschlossene Ehe unter Umständen für ungültig erklären. Dagegen ist für die meisten protestantischen Kirchen die Ehescheidung ein zwar bedauerlicher, aber keineswegs illegitimer Vorgang.

Verbot der Gewaltanwendung: Der Schriftsteller Leo Tolstoi (1828–

1910) sah in diesem Verbot die Grundlage für eine neue friedliche Gesellschaftsordnung, die Zeugen Jehovas verweigern mit Berufung auf das Gebot jede Beteiligung an militärischen Handlungen. Die katholische Kirche hält zwar Gewaltanwendung durch Polizei und Militär für legitim, aber katholische Priester und Ordensleute dürfen keine Waffen tragen oder Soldaten sein. Den Standpunkt vieler gibt der Soziologe Max Weber wieder: Die Bergpredigt stellt sozial sinnlose Forderungen wie «die andere Wange» hinzuhalten, wenn einer schlägt, und überhaupt dem Bösen keinen Widerstand entgegenzusetzen. Erfüllbar und Ausdruck besonderer Würde ist diese Ethik nur für Heilige, die wie Jesus und der heilige Franziskus von Assisi leben. Mit der Bergpredigt kann man nicht regieren. Der Politiker muss nach anderen Grundsätzen handeln (M. Weber, *Politik als Beruf*, 1919).

Lassen sich die Weisungen der Bergpredigt überhaupt im Alltag befolgen? Albert Schweitzer (1875–1965) hat grundsätzliche Bedenken geäußert: Die Bergpredigt empfehle, sich von der Welt abzuwenden, sie gebe daher keine sinnvollen Regeln für das Alltagsleben. Das sei verständlich: Jesus habe ein nahes Weltende erwartet; diese Erwartung habe eine realistische Ethik überflüssig gemacht. Da sich Jesus in seiner Erwartung getäuscht habe, könnten wir auch seine ethischen Forderungen nicht übernehmen. Die Bergpredigt mag den Einzelnen zur Bildung einer guten Gesinnung anregen; in der realen Welt sei sie jedoch nicht anwendbar.

64. Was sagt die Bibel zur Ehescheidung? Von der Ehescheidung spricht die Bibel fast immer aus dem Blickwinkel des Mannes; daher nennt sie den Vorgang «eine Frau entlassen». Darf ein Mann seine Frau entlassen? Dazu hat die Bibel keine einheitliche Meinung. (1) Nach einer ersten Auffassung ist Scheidung ein normaler Rechtsvorgang, dem nichts Anrüchiges anhaftet. Als Beispiel lässt sich Abraham anführen: Als ihm Sara einen Sohn geboren hatte, «entlässt» Abraham auf Drängen Saras seine Nebenfrau Hagar und schickt sie zusammen mit ihrem Sohn Ismael aus dem Haus (Genesis 21). Nach dem Gesetz des Mose kann ein Mann seine Frau entlassen, wenn er an ihr etwas Anstößiges findet (Deuteronomium 24,1). Als Grund reicht bereits, das Essen anbrennen zu lassen – so der jüdische Lehrer Hillel im 1. Jahrhundert n. Chr. (Mischna, Traktat Gittin 9,10). (2) Die Gegenposition wird vom Propheten Maleachi vertreten. Im 5. Jahrhundert v. Chr. hat ein Jerusalemer Priester seine einheimische

Frau verstoßen, um eine Ausländerin zu heiraten. Das ruft Maleachi auf den Plan: Er wettert gegen die Scheidung als Bruch des mit der Frau geschlossenen Ehebundes: «Ich hasse Entlassung (d. h. Scheidung), spricht der Herr, der Gott Israels.» (Maleachi 2,16) (3) Die dritte Position findet sich mehrfach im Neuen Testament: Die «Entlassung» einer Frau ist unter bestimmten Umständen erlaubt. So kann eine Frau verstoßen werden, wenn sie «Unzucht» begangen hat (Matthäus 5,31–32; 19,7–9). Ob mit «Unzucht» Ehebruch oder Prostitution oder beides gemeint ist, bleibt unklar. Nach Paulus darf ein Nichtchrist seine christliche Frau entlassen, wenn es wegen religiöser Differenzen zu häuslichem Unfrieden kommt – und ebenso kann eine christliche Frau mit ihrem Mann verfahren (1 Korinther 7,12–16). Und was sagt Jesus? Er vertritt einen ausgesprochen philosophischen Standpunkt (Markus 10,2–12). Jesus unterscheidet zwischen der idealen und der realen Welt. In der idealen Welt darf es nach Gottes Willen keine Scheidung geben, hat doch Gott Mann und Frau zu einer untrennbaren Einheit verbunden. In der realen Welt jedoch ist die Scheidung zugelassen. Das ist Jesu öffentlich ausgesprochene Meinung. Seine Jünger hat er jedoch noch näher unterrichtet: Wenn ein Mann seine Frau entlässt, begeht er Ehebruch; wenn eine Frau ihren Mann entlässt, begeht sie Ehebruch. So stellt sich die Scheidung vom Standpunkt der idealen Welt dar. Aus der realen Welt, so ist wohl hinzuzufügen, kann man jedoch nicht aussteigen.

65. Warum half der barmherzige Samariter? Ausgeraubt und verwundet liegt ein Mann am Rand der Straße. Vorbeikommende lassen ihn liegen; nur ein reisender Ausländer, ein Mann aus Samarien, erbarmt sich seiner, verbindet seine Wunden, bringt ihn in eine Herberge und bleibt über Nacht bei ihm. Bevor er abreist und den Verwundeten zurücklässt, reicht er dem Wirt zwei Silbermünzen: Der Wirt soll sich um den Mann kümmern. – Warum half der Reisende? Was trieb ihn dazu, seine Reise zu unterbrechen? Zweifellos war er von Mitleid bewegt. Mitleid aber bedeutet (nach Arthur Schopenhauer): Ich muss jetzt helfend handeln, denn auch ich erwarte fremde Hilfe, wenn ich in Not bin. Zugrunde liegt die Goldene Regel: Behandle andere so, wie du selbst behandelt werden willst. In Jesu Formulierung: «Liebe deinen Nächsten wie dich selbst.» (Lukas 10,27) Da die Goldene Regel unanschaulich bleibt, hat sie Jesus durch eine philosophische Geschichte veranschaulicht.

13 *Der barmherzige Samariter.* Die Erzählung vom reisenden Samaritaner
(von Luther «Samariter» genannt), der sich eines Ausgeraubten annimmt,
bildet ein Kernstück der ethischen Lehre Jesu. Der Künstler setzt die Ankunft
in der Herberge ins Bild: Der ausgeraubte und verletzte Mann wird von
einem Diener behutsam vom Pferd gehoben, während der Reisende mit dem
Wirt der Herberge verhandelt. Rechts beigefügt ist ein kotender Hund als
Hinweis auf die Alltäglichkeit der von Mitleid bestimmten Handlung. Goethe
nannte das Bild – nicht zuletzt des Themas wegen – «eines der schönsten des
Rembrandtschen Werkes». – Rembrandt, 1633.

Jesus hat der Geschichte noch eine Pointe eingefügt, indem er den Helfer als Samariter bezeichnet, als einen Mann aus dem Volk der Samaritaner. Er gehört zu einer auswärtigen Volksgruppe, die den Einheimischen nichts gilt. Heute wäre von einem Schwarzen zu erzählen, der einem Weißen zu Hilfe kommt, oder von einem Asylanten, der einen Einheimischen rettet. Die Notlage macht alle Menschen gleich und hebt ethnische und religiöse Unterschiede auf. Die Botschaft der Erzählung Jesu hat sich der westlichen Kultur tief eingeprägt *(Abb. 13)*. Entstanden ist eine Kultur der Hilfeleistung durch Einzelne, karitative Organisationen und Staaten. Staatliches Recht verpflichtet sogar den Einzelnen zur Hilfeleistung (z. B. bei Verkehrsunfällen) und stellt deren Unterlassung unter Strafe.

Der Ausdruck «barmherziger Samariter» ist eine stehende Redewendung. Nach heutigem Sprachgebrauch müssten wir vom «barmherzigen Samaritaner» sprechen; die Kurzform «Samariter» stammt aus Luthers Übersetzung des Neuen Testaments.

66. Warum rät Jesus dem reichen Jüngling, alles zu verkaufen?
«Willst du vollkommen sein, so geh, verkaufe dein Hab und Gut und gib es den Armen. So wirst du einen Schatz im Himmel haben. Dann auf, folge mir.» (Matthäus 19,21) Wie kommt Jesus dazu, einem jungen Mann einen solchen Rat zu erteilen?

In der Welt des Neuen Testaments gibt es zwei Kulturen: eine Kultur der Mehrheit und eine Gegenkultur der philosophischen Minderheit. (1) Die Mehrheitskultur findet ihre führende Gestalt im wohlhabenden Bürger einer Stadt, der einen großen Haushalt führt, über ertragreiche Ländereien und eine Dienerschaft verfügt, einen aufwändigen Lebensstil pflegt und seiner Vaterstadt um den Lohn öffentlicher Ehrung einen Sportplatz für die Jugend, ein öffentliches Bad oder eine Synagoge stiftet. (2) Die Gegenkultur wird durch den Philosophen vertreten – und durch Jesus. Sie verzichten auf Besitz, Familie, festen Wohnsitz und regelmäßige Arbeit. Unterstützt von Anhängern und Spenden, widmen sie sich philosophischer und religiöser Lehre.

Das Ideal des freien Philosophen, der keine berufliche und familiäre Bindung eingeht, hat einen griechischen Erfinder: den attischen Bildhauer Sokrates (470–399 v. Chr.), der seinen Handwerksberuf nicht ausübte. Er wurde als Lehrer einer ganzen Generation attischer Jugend geschätzt und von seinem Schüler Platon literarisch verewigt.

Trotz seiner Verurteilung zum Tode (wegen angeblicher Verführung der Jugend zur Gottlosigkeit) wurde er zum Vater der Philosophie. Manche seiner Schüler haben Sokrates' besitzlose Lebensweise zum Vorbild genommen; so insbesondere die sogenannten Kyniker («Hunde»), deren emblematische Gestalt der in einem Fass lebende Diogenes wurde. Eine Orientierung Jesu an hellenistischer Popularphilosophie und ihrem kynischen Lebensideal – dem Unabhängigkeit sichernden Ideal von Besitz- und Ehelosigkeit – ist nicht von der Hand zu weisen. Nur ein Philosoph kann einem jungen Menschen jenen Rat geben, den auch Jesus dem reichen jungen Mann gibt. Auch wer sich zur kynischen Existenz entschließt, muss als erstes seinen Besitz aufgeben – eine Herausforderung, der nicht jeder gewachsen ist. Wer aber seinen Besitz an die Armen gibt, erwirbt – anders als der Stifter einer Synagoge oder eines Bades – keine bürgerliche Ehre. Sein Schatz ist im Himmel.

67. Wie liebt man seinen Feind? Die Bibel kennt zwei Formen der Feindesliebe: Eine dörfliche und eine städtische, und jede hat ihre eigene Regel und Absicht. (1) In ihrer *dörflichen Form* meint Feindesliebe nichts anderes als Solidarität auch mit Menschen, die keine Freunde sind. In der dörflichen Siedlungsgemeinschaft sind gegenseitige Hilfeleistung sowie der Verzicht auf Gewaltanwendung und Rache zur Lebensbewältigung unabdingbar. Dieser Hintergrund spiegelt sich in der Regel: «Wenn du dem verirrten Rind oder dem Esel deines Feindes begegnest, sollst du ihm das Tier zurückbringen. Wenn der Esel deines Gegners unter der Last zusammenbricht, dann lass ihn nicht im Stich. Leiste ihm Hilfe.» (Exodus 23,4–5) Nur in einem kleinen Dorf kennt jeder die markierten Tiere des andern und kann sie, wenn sie entlaufen sind, dem verfeindeten Besitzer zurückbringen.

(2) Die *städtische Form* der Feindesliebe wird von Jesus empfohlen: «Liebt eure Feinde.» (Matthäus 6,44; Lukas 6,27) Die Feinde verfolgen, verfluchen, beschimpfen, misshandeln den Gläubigen; auch rauben sie ihm das Obergewand und schlagen ihm ins Gesicht. Dagegen entbietet ihnen der Gläubige den Segensgruß, fordert das Raubgut nicht zurück und betet für sie – so weit die Beispiele, die Matthäus und Lukas dem lakonischen Jesuswort beifügen. Vorausgesetzt ist dabei eine Szene, die sich in der Stadt abspielt: Der mit städtischem Publikum redende Prediger ist unwillkommen und wird

als Gegner behandelt. Man mag an Paulus denken, der auf seinen Missionsreisen mehrmals verprügelt wurde. Paulus und andere Gläubige reagierten auf die ihnen oft feindliche Umwelt nicht mit Hass, sondern blieben freundlich. Sie handelten nach dem Vorbild jener Philosophen, von denen Epiktet sagt, sie sollen sich nicht zu nutzlosem Wortgefecht, Balgerei und Händel herausfordern lassen. Der wahre Philosoph muss sich «schinden lassen wie ein Esel – und geschunden noch seine Schinder lieben – ist er doch Vater und Bruder von allen» (Epiktet, *Vorträge* III, 22,54). Als Vater und Bruder, der für das Wohl seiner Familie sorgt, will der christliche Prediger seine Lehre verbreiten, auch wenn sie nicht allen Zuhörern willkommen ist. Keine Anfeindung kann sein Wohlwollen zerstören.

68. Ist Gehorsam Christenpflicht?

Wer gehorcht, folgt der Weisung eines anderen. Müssen Christen gehorchen? Wenn ja, wem? Auf solche Fragen finden wir in der neutestamentlichen Briefliteratur eine Antwort, denn dort nimmt das Thema «Gehorsam» einen breiten Raum ein. Am ausführlichsten äußert sich der 1. Petrusbrief (um 110 n. Chr.). Der fingierte Brief gibt sich als Schreiben, das der Apostel Petrus, Haupt der Gemeinde von «Babylon», um das Jahr 50 an die damals ersten christlichen Gemeinden außerhalb Jerusalems richtet. Mit Babylon ist Jerusalem gemeint, der Ort der christlichen Urgemeinde. Ähnlich wie Paulus in seinen Briefen fordert «Petrus» die Gläubigen auf, sich gehorsam in die Ordnungen von Familie, Kirche und Staat einzufügen. Die Vorschriften lauten (mit Angabe nur der Stellen, die sich nicht auf den 1. Petrusbrief beziehen):

Verhalten in der Familie: «Haus» ist das neutestamentliche Wort für Familie. Im Haus sollen sich Frauen ihren Männern unterordnen und Kinder den Eltern. Gleichzeitig werden die Männer aufgefordert, ihre Frauen zu lieben. Letztere sollen sich weder kunstvolle Haartracht zulegen noch Goldschmuck und aufwändige Kleider tragen. Väter sollen ihre Kinder nicht durch Überstrenge mutlos machen (Kolosser 3,18–4,1). Sklaven sollen ihrem Herrn dienen als dienten sie Christus. Bemerkenswert ist die Hinnahme der Sklaverei – verständlich in einer Gesellschaft, in der Sklaven als Mitglieder des Haushalts oft gut versorgt waren. Die Bibel versteht Sklaven stets als Mitglieder des Haushalts; auf extreme Formen von Sklavenausbeutung in Bergwerken und bei Zwangsarbeit wird nicht eingegangen.

Verhalten in der Gemeinde: Auch in der von «Ältesten» geführten

Gemeinde besteht eine feste Ordnung. Vor allem die neuen, erst vor kurzem zum Glauben gekommenen Gemeindemitglieder sollen die Ältesten respektieren und sich ihnen unterordnen. Die Frauen sollen in der Gemeindeversammlung schweigen, denn hier haben Männer das Sagen (1 Korinther 14,34). Die Ältesten sollen nicht als Herren der Gemeinde auftreten, sondern als gute Hirten für alle sorgen. Sie dürfen ihr Amt nicht zum Gelderwerb missbrauchen. Alle Mitglieder sollen einander als Schwestern und Brüder lieben. Die Gemeinde wird als Ortsgemeinde verstanden, doch kommt auch eine übergeordnete Instanz in den Blick: Petrus, der von Jerusalem aus Weisungen erteilt.

Staatliche Ordnung: Der römische Kaiser und seine Statthalter sind von Gott eingesetzt und daher zu ehren; ihren Anweisungen ist Folge zu leisten. Die staatlichen Autoritäten haben vor allem die Funktion, für öffentliche Ordnung zu sorgen, indem sie Übeltäter bestrafen und Wohltäter belohnen. Christen müssen die vom Staat verlangten Steuern entrichten (Römer 13,1–7).

Überall heißt das Motto: Gehorsam und Unterordnung. Man versteht, warum sich heute – in einer Zeit von Demokratie, Gleichberechtigung der Frau und Schutz der Kinder – die Kirchen nur schwer von einer konservativen Lebensordnung verabschieden.

Was kann ich glauben?

69. Gott – wer ist das eigentlich? Nach der Bibel hat Gott seinen Palast im Himmel, weit über den Wolken, jenseits des Himmelszelts *(Abb. 1)*. Mehrfach gewährt die Bibel einen Blick in den Thronsaal dieses Palasts. Angetan mit einem langen, bis zu den Knöcheln reichenden Gewand sitzt Gott in Gestalt eines weißhaarigen alten Herrn auf einem erhöhten Thron *(Abb. 14*; Jesaja 6, Daniel 7). Ihn umgeben seltsame tiergestaltige Wächter (Ezechiel 1) sowie eine Schar menschengestaltiger Diener. Ihm zur Seite steht ein Hofstaat mächtiger Engel, die zu allerlei Diensten ausgesandt werden. Eine geheimnisvolle, nur undeutlich beschriebene Gestalt, die als Großwesir mit Gott eng verbunden ist, wird manchmal mit weiblichen Zügen ausgestattet; dann trägt sie den Namen «Weisheit» (Sprichwörter 8, Buch der Weisheit 9,4–11). Oder sie erhält jugendliche, kriegerische Züge und den Titel «Menschensohn» (in der Bedeutung: menschengestaltiger Gott; Daniel 7).

Wichtiger als der Blick in die himmlische Welt ist den biblischen Autoren Gottes Handeln in der irdischen Welt. Die entsprechenden Berichte fallen verschieden aus, je nachdem eine biblische Schrift Gott eher als Weltenherr oder eher als Herr des Volkes Israel auffasst.

Die Erschaffung von Himmel und Erde, Mensch und Tier ist ebenso Werk des *Weltenherrn* wie seine Sorge für Regen und Fruchtbarkeit und sein Wachen über die Einhaltung seines ungeschriebenen Gesetzes, das man als Naturrecht bezeichnen kann. Wer sich gegen dieses Recht vergeht, fällt ins Unglück. Sobald sich ein Mensch Gott anvertraut, hat er in ihm einen treuen Beschützer. Dieses universalistische Gottesbild beherrscht die ersten Kapitel der Genesis, die Bücher Sprichwörter, Hiob, Prediger (Kohelet), viele Psalmen (zum Beispiel Psalm 23, den «Hirtenpsalm»), aber auch Prophetenbücher wie Amos und Jesaja (Jesaja 1–39) und die Briefe des Paulus. Auch Jesu Mahnung, sich die Sorglosigkeit der von Gott versorgten Vögel des Himmels zum Vorbild zu nehmen (Matthäus 6,26), versteht Gott als Herrn der Welt.

Als *Herr des Volkes Israel* hat Gott Abraham und Jakob, die Väter Israels, erwählt; durch Mose befreite er sein Volk aus Ägypten und offenbarte ihm sein nur für das erwählte Volk gültige Gesetz, dessen Hauptforderung lautet: «Du sollst keine anderen Götter haben neben mir.» Mit Gottes Hilfe eroberte das Volk das ihm zugesprochene

14 *Gott.* Eine bärtige, nur grob ausgeführte Gestalt, angetan mit knöchellangem Gewand, sitzt auf einem Thron, den Arm zum Segensgruß erhoben. Rechts oben die Mondsichel, darunter das ägyptische Henkelkreuz (*anch* = Lebenskraft). Auf der anderen Seite des doppelseitig gravierten Siegelsteins steht der Name des Besitzers: «Aschjahu (Sohn des) Maschmasch»; der Name enthält den Gottesnamen «Jahu», der heute traditionell «Jahwe» geschrieben wird. Die seltene bildliche Darstellung Jahwes lässt sich mit Angaben des Propheten Jesaja vergleichen, der Gott als thronende Gestalt in langem Gewand sah (Jesaja 6, um 740 v. Chr.). Das Verbot, Gott bildlich darzustellen, war damals noch unbekannt; es stammt aus späterer Zeit. – Althebräisches Siegel, ca. 700 v. Chr., Rockefeller Museum, Israel.

Land Kanaan, zog es in den Krieg und besiegte seine Feinde. Fällt das Volk vom göttlichen Gesetz ab, indem es andere Götter verehrt, wird das Volk schwer bestraft – zuletzt mit der Zerstörung Jerusalems und der Verschleppung nach Babylonien. Doch eines Tages ist die Strafe abgebüßt und Gott wendet sich seinem Volk wieder zu. Prägnanten Ausdruck findet dieses Gottesbild im Buch Exodus, beim Propheten Hosea, in den Königsbüchern und im Buch Daniel.

70. Woher kommt der Mensch? Diese Frage beantwortet die Bibel in zwei unterschiedlichen Mythen, die von der Erschaffung des Menschen durch Gott erzählen. Der erste Mythos (Genesis 1,1–2,3) beginnt mit den Worten «Im Anfang schuf Gott Himmel und Erde»; dann folgt eine Aufzählung der Schöpfungswerke, geordnet nach sechs Tagen. Der Mensch gehört zur Ausstattung der Erde, wie die Vögel zur Ausstattung des Luftraums gehören. Doch haben die Menschen einen Vorzug vor der Tierwelt: Als Gottes Ebenbild ist der

Mensch zur Herrschaft bestimmt; ihm sind die Tiere und die Erde anvertraut. Der Bericht bietet ein optimistisches Menschenbild: Von Gott gesegnet, d. h. mit Lebenskraft beschenkt, gelten Mensch und Welt als gelungen. Der Schöpfer ist stolz auf sein Werk. Der Bericht verzichtet auf Anschaulichkeit. Diese haben ihm erst die Künstler verliehen, die – von Michelangelo im 16. bis zu Schnorr von Carolsfeld im 19. Jahrhundert – den Schöpfer als kräftigen, in ein langes Gewand gehüllten Greis darstellen, der über der Erde schwebt.

Der zweite Mythos (Genesis 2,4–3,24) verzichtet auf die Schilderung der Welterschaffung, um nur die Erschaffung des Menschen zu bieten. «Aus Staub vom Erdboden» gebildet, bleibt Adam leblos, bis ihm Gott den Atem einhaucht. Dann legt Gott einen Garten an – den Lustgarten «Eden» – mit Bäumen, Flüssen und Tieren; dort soll Adam leben. Den Abschluss bildet die Erschaffung der Frau: Gott lässt einen Tiefschlaf über den Mann kommen, entnimmt seinem Leib eine Rippe, um aus dieser die Frau zu bilden. Als Adam erwacht, begrüßt er jubelnd die Gefährtin. In die Erzählung ist bereits ein Element eingebaut, das den Fortgang der Geschichte bestimmt: Den Menschen ist der Verzehr der Frucht eines bestimmten Baumes untersagt. Von einer sprechenden Schlange verführt, greift der Mensch zur verbotenen Frucht. Zur Strafe werden Mann und Frau aus dem Gottesgarten vertrieben, um jenseits von Eden ein nunmehr karges Leben zu fristen. Die Geburtsschmerzen sind die Strafe für die Frau, der Ackerbau des Mannes wird durch felsigen Boden behindert.

Während der erste Mythos «Mensch und Tier» thematisiert, ist der zweite dem Thema «Mensch und Pflanze» gewidmet.

Heute wird oft Kritik an den biblischen Schöpfungserzählungen geäußert. «Die Berichte sind zu mythologisch, um glaubhaft zu sein», sagen die Anhänger der Darwin'schen Lehre; «Mensch und Affe haben gemeinsame Vorfahren in Afrika; eine unmittelbare Erschaffung des Menschen durch Gott ist durch die Naturwissenschaft widerlegt.» Vertreter der ökologischen Bewegung meinen: «Die Berichte sind zu wenig mythologisch; die von Gott geschaffene Welt der Bibel hat keinen göttlichen Glanz mehr und steht daher menschlicher Ausbeutung und Zerstörung offen. Eine von göttlichen Naturkräften durchwaltete Welt hätte nicht zur heutigen ökologischen Krise geführt.» Moderne Theologie und Spiritualität bemühen sich, Darwin mit der Bibel zu versöhnen und der Schöpfung etwas von ihrem verlorenen mythologischen Glanz zurückzugeben.

71. Hat Mose den Monotheismus eingeführt? Die Religionen des alten Orients waren polytheistisch. Sie beruhten auf der Verehrung einer Vielzahl von Göttinnen und Göttern, die für verschiedene Bereiche der Natur oder des menschlichen Lebens zuständig waren. Im westlichen Vorderasien galt El als weiser Vater der Götter, Hadad (auch Baal genannt) als Wetter- und Regengott, Anat als Kriegsgöttin, Ischtar (Astarte) als Liebesgöttin. Mit der Verehrung solcher Gottheiten machte Mose Schluss.

Dem biblischen Bericht zufolge hat das Volk Israel seine neue Religion durch einen Akt göttlicher Gesetzgebung erhalten (Bücher Exodus und Levitikus). Ort dieses Geschehens ist der Berg Sinai, an dem sich das Volk versammelt, um, von Mose angeführt, das göttliche Gesetz in Empfang zu nehmen. Am Fuß des heiligen Berges erlebt das Volk ein gewaltiges, mit Erdbeben verbundenes Gewitter. Aus dem Donner spricht Jahwe und erlässt die Zehn Gebote (Exodus 20), deren erstes lautet: «Du sollst keine anderen Götter neben mir haben.» Nur Jahwe allein darf verehrt werden; seine bildliche Darstellung ist verboten, und der Sabbat ist zu halten.

In einer öffentlichen Feier schließt Jahwe einen Bund mit dem Volk: Gott sagt seinen Schutz zu, während das Volk verspricht, Gottes Geboten treu zu bleiben. So fasst Mose die von ihm vermittelte neue Religion zusammen: «Heute sollst du erkennen und dir zu Herzen nehmen, dass Jahwe allein Gott ist oben im Himmel und unten auf der Erde und sonst keiner. – Höre Israel! Jahwe, unser Gott, ist der einzige Herr.» (Deuteronomium 4, 39; 6,4–5)

Die biblische Erzählung erweckt den Eindruck, die Religion Israels sei gleichsam mit einem Paukenschlag in die Welt getreten und habe einen Stifter gehabt – Mose. Ihm sei es gelungen, seinem Volk innerhalb von wenigen Jahren eine monotheistische Religion zu geben. Manche Forscher glaubten, im biblischen Religionsgesetz das Erbe der kurzlebigen monotheistischen Religionsreform des Pharao Echnaton (um 1340 v. Chr.) zu erkennen; so hat es Sigmund Freud in *Der Mann Moses und die monotheistische Religion* (1939) dargestellt. Viel spricht gegen diese Annahme. Nach heutiger Auffassung ist die biblische Darstellung als Offenbarungsdichtung zu beurteilen: Um 500 v. Chr. wurde im damals – nach der Babylonischen Gefangenschaft – neu erbauten zweiten Jerusalemer Tempel ein bildloser monotheistischer Kult eingerichtet. Zur Vorgeschichte des Monotheismus gehört die Verkündigung von Propheten wie Hosea im 8. und

Deuterojesaja im 6. Jahrhundert sowie das Vorbild der persischen Religion Zarathustras. An die Verkündigung solcher Propheten anknüpfend, wurde der Mythos der Sinai-Offenbarung geschaffen. Dieser soll der neu eingeführten Kult- und Religionsordnung Gewicht und Autorität verschaffen – was zweifellos gelungen ist.

72. Warum ist Psalm 23 der beliebteste Psalm? Psalm 23, der Hirtenpsalm, ist den christlichen Betern am meisten ans Herz gewachsen. Der Anfang dieses «Vertrauensliedes» (so der Fachausdruck) lautet in Luthers Wiedergabe:

> Der Herr ist mein Hirte, mir wird nichts mangeln.
> Er weidet mich auf einer grünen Aue
> und führet mich zu frischem Wasser.
> Er erquicket meine Seele.
> Er führet mich auf rechter Straße um seines Namens willen.
> Und ob ich schon wanderte im finstern Tal,
> fürchte ich kein Unglück; denn du bist bei mir.

Die Beliebtheit des Psalms beruht – neben dem bukolischen Bild von der wohlbewachten weidenden Herde – auf der Vorstellung von einem «persönlichen Gott» (so wiederum der Fachausdruck), die in diesem Gedicht zum Ausdruck kommt: Gott kümmert sich um den Einzelnen gerade auch dann, wenn dieser in Not gerät. Solcher Gottesglaube schafft Geborgenheit und kommt daher einem menschlichen Grundbedürfnis entgegen.

Von Gott als lebenslangem Beschützer des einzelnen Gläubigen schreibt Martin Luther im *Kleinen Katechismus* (1529): «Ich glaube, dass mich Gott geschaffen hat ..., mir Leib und Seele, Augen, Ohren und alle Glieder, Vernunft und alle Sinne gegeben hat und noch erhält; dazu Kleider und Schuh, Essen und Trinken, Haus und Hof, Frau und Kind, Acker, Vieh und alle Güter; mit allem, was not tut für Leib und Leben, mich reichlich und täglich versorgt, in allen Gefahren beschirmt und vor allem Übel behütet und bewahrt; und das alles aus lauter väterlicher, göttlicher Güte und Barmherzigkeit.» Solche persönliche Frömmigkeit und ihre Grundlage: der Glaube an Gottes Vorsehung für den Einzelnen, speist sich aus der Bibel, vor allem aus den Psalmen. Besonders eindrucksvoll begegnet sie in oft gesungenen Kirchenliedern wie «Was Gott tut, das ist wohlgetan», wo es heißt: «So wird Gott mich ganz väterlich/In seinen Armen halten,/Drum lass' ich ihn nur walten.» Bekenntnisse wie «Ich spüre die Anwesenheit Gottes» (13% der repräsentativ befragten Deutschen, *Spiegel*-Umfrage 2005) und «Gott kümmert sich um jeden Einzelnen» (32%) sind verbreitet. Das Gefühl, unter Gottes Schutz zu stehen, haben auch viele Menschen, die Psalm 23 nicht kennen und keine Kirchenlieder singen.

73. Kann man Gott Bitten vortragen? Ja, Gott hört auf Bitten. Beim Vortragen von Bitten ist ein mehr oder weniger festgelegtes Protokoll zu beachten. Das Muster lässt sich den Psalmen entnehmen:

(1) Jahwe, mein Gott, ich nehme Zuflucht zu dir. (Psalm 7,2)
(2) O Gott, höre mein Gebet, vernimm die Worte meines Mundes. (54,4)
(3) Denn Fremde haben sich wider mich erhoben, Gewalttätige trachten mir nach dem Leben. (54,5)
(4) Schau doch her, gib mir Antwort, Herr, du mein Gott! Mach hell meine Augen, damit ich nicht im Tode entschlafe, damit mein Feind nicht sagen kann, «Ich habe ihn überwältigt», und meine Gegner nicht jubeln, weil ich gestürzt bin. (13,4–5)

In Gedanken muss sich der Beter zu Gott begeben, den er wie einen hohen Herrn in dessen Haus aufsucht. Zuerst wird Kontakt mit Gott aufgenommen: Der Beter redet Gott an und nimmt zu ihm Zuflucht (1). Dann folgt die Bitte um Audienz und Gehör (2). Danach wird das Anliegen vorgebracht. Der Bittsteller schildert seine beklagenswerte Lage (3). Mit bewegten Worten bittet er abschließend um göttliches Eingreifen (4). Der Zweck des Gebets ist stets pragmatisch: Der Beter will etwas von Gott; es geht darum, Gott zum Eingreifen zu bewegen. Das geschieht vor allem durch die oft ausführliche – in unserem Beispiel jedoch knappe – Schilderung des Übels, unter dem der Beter leidet. Der Psalmist erfleht Schutz vor persönlichen Gegnern, Erfolg im Kampf des Lebens, Genesung von Krankheit, Befreiung aus Gefangenschaft. Der Fromme sieht sich von bösen Menschen umringt, verspottet, bedrängt, ausgegrenzt und in Leiden und Einsamkeit gestoßen. Aus solcher Not, die oft übertrieben als Todesnot geschildert wird, kann nur Gott befreien.

Mehrfach lassen die Psalmen erkennen, was geschah, wenn das Gebet Erfolg hatte, wenn sich also das Geschick des Bittstellers zum Guten gewendet hat. Dann wird vor versammelter Gemeinde eine öffentliche Danksagung vorgetragen – vermutlich von einem Priester oder Sänger, der den Beter vertritt. Noch einmal werden Klage und Bitte wiederholt; hieran schließt sich ein begeistertes Wort des Dankes an:

> Der Herr sei gepriesen! Er hat gehört mein lautes Flehen.
> Mir wurde geholfen. Da jubelte mein Herz.
> Mit einem Lied will ich ihm danken. (Psalm 28,6–7)

74. Worum bittet das Vaterunser? Von seinen Jüngern nach einem Mustergebet gefragt, lehrte sie Jesus das Vaterunser. Der Text steht im Matthäus-Evangelium (Matthäus 6,9–13; in leichter Abwandlung auch Lukas 11,2–4). Als fest formuliertes, unveränderliches Gebet wird das Vaterunser noch heute in jedem christlichen Gottesdienst gesprochen. Ursprünglich diente der Text kaum für das öffentliche Gebet. Seiner Sprache nach ist das Vaterunser ein Gebet für Spezialisten, für Eingeweihte – für Menschen, die mit den Besonderheiten traditioneller religiöser Sprache gut vertraut sind. Außerdem handelt es sich um ein jüdisches Gebet, das seinem Wortlaut nach nicht für alle Zeiten und Völker passt. Die nachstehende Tafel enthält links den üblichen Wortlaut des Vaterunsers (nach Matthäus), rechts eine erläuternde Umschreibung, die den Sinn möglichst genau wiedergibt.

Vaterunser	Umschreibung
Vater unser im Himmel:	Unser himmlischer Vater, erhöre folgende Bitten deines Volkes:
Geheiligt werde dein Name.	Bringe deinen heiligen, von uns entweihten Namen unter den Völkern wieder zu Ansehen (Ezechiel 36,22–23),
Dein Reich komme.	indem du unter uns wieder durch einen König in einem jüdischen Reich herrschst;
Dein Wille geschehe, wie im Himmel so auf Erden.	verwirkliche diesen deinen Plan auf der Erde, wie du deine Pläne im Himmel stets verwirklichst.
Unser tägliches Brot gib uns heute.	Gib uns in der heutigen Zeit der Not das tägliche Brot.

Und vergib uns unsere Schuld,	Vergib die Schuld, die unsere Väter durch den schändlichen Abfall von dir auf sich selbst und auf uns geladen haben;
wie auch wir vergeben unseren Schuldigern.	auch wir vergeben ja unseren Feinden, was sie uns Schlimmes angetan haben – die Zerstörung Jerusalems, die Vernichtung des Tempels, die Vertreibung vieler Juden aus der Heimat, die Zerstörung des Königtums.
Und führe uns nicht in Versuchung,	Führe uns in der gegenwärtigen Zeit der Drangsal nicht in die Versuchung, vom Glauben an dich abzufallen und der jüdischen Lebensweise untreu zu werden,
sondern erlöse uns von dem Bösen.	sondern erlöse uns aus aller gegenwärtigen Not.

Dem Vaterunser liegt ein einheitlicher Gedankenkreis zugrunde: Das seit der Zeit der Babylonischen Gefangenschaft im 6. Jahrhundert v. Chr. ohne eigenen Staat lebende jüdische Volk empfindet diesen Zustand als Strafe für die Sünde seiner Vorfahren, die von der wahren monotheistischen Gottesverehrung abgefallen sind. Nur Gott selbst kann diesen Zustand wieder ändern – und diese Änderung wird von Gott erfleht. Tatsächlich gibt es mehrere Gebete, die dem Wortlaut unserer Umschreibung (rechts) entsprechen (Daniel 9,4–19; Jesaja 63,15–64,9 sind nur Beispiele).

Waren sich die Anhänger Jesu beim Sprechen des Vaterunsers dieser Bedeutung der einzelnen an Gott gerichteten Bitten bewusst? War ihnen der jüdisch-patriotische Charakter des Gebets bekannt? Jesus selbst war kein Patriot; für ihn war das «Reich Gottes» eine Größe, die überall Wirklichkeit werden kann, ohne auf die Existenz eines Nationalstaates angewiesen zu sein.

75. Sind die Propheten Gottesmänner oder Intellektuelle? Gehen wir von einem Beispiel aus: König Ahab will einen Weinberg erwerben; Nabot will nicht verkaufen. Da lässt der König Nabot ermorden. Nun kann er sich den Weinberg aneignen. Da tritt ihm der Prophet Elija entgegen: «So spricht Jahwe: Durch einen Mord bist du Erbe geworden», und kündigt dem König Gottes Strafe an (1 Könige 21,19).

Zweifellos ist Elija ein Intellektueller. «Der Intellektuelle – das ist einer, der sich in Sachen einmischt, die ihn nichts angehen.» So beschreibt der Philosoph und Literat Jean-Paul Sartre (1905–1980) den Intellektuellen, den er selbst virtuos verkörpert hat: als Menschen, der zu politischen und gesellschaftlichen Themen öffentlich Stellung nimmt, ohne gefragt zu sein, und der anderen oft lästig fällt. Von dieser Art sind auch die Propheten der Bibel. Die Themen der Propheten sind vielfältig. Indem sie die rücksichtslose Ausbeutung der Bauern kritisierten und die Schuldigen benannten, äußerten sie sich zu einem typischen Übel der antiken agrarischen Gesellschaft. Weiter kritisierten sie die Könige, die sinnlose, das Volk ins Unglück stürzende Kriege gegen weit überlegene Weltmächte führen wollten. Schließlich hielten einige von ihnen nicht zurück mit Kritik an der Verehrung von Götzen. Die z. B. von Elija erhobene Forderung der reinen Verehrung des einzigen Gottes bereitete den Weg zum Monotheismus.

Elija ist gleichwohl nicht nur ein Intellektueller. Er ist auch Gottesmann, der, wie die meisten Propheten Israels (Jesus gehört zu den Ausnahmen), seine kritische Botschaft als Wort Gottes vorträgt. Wie kam ein Prophet dazu, sich als Sprachrohr Gottes zu verstehen? Die Propheten selbst geben eine Antwort auf diese Frage, indem sie von überwältigenden Berufungserlebnissen berichten. Ein Beispiel hierfür ist Jesaja: In den Himmel versetzt, lauschte er den sechsflügeligen Engeln, die Gottes Thron umgeben und einander «heilig, heilig, heilig» zurufen (Jesaja 6). Gott selbst ist anwesend. Sein Aussehen wird nicht beschrieben. Offenbar hat sich Jesaja zu Boden geworfen und wagte nicht aufzublicken; er sah nur den Mantelsaum des thronenden Herrn. Dann jedoch muss er sich aufgerichtet haben, denn sein Mund wurde mit glühender Kohle gereinigt, um für die Verkündung des göttlichen Wortes zu taugen. Eine solche vielleicht im Traum erfahrene Berufung fällt allerdings nicht vom Himmel. In der Regel setzte sie die Ausbildung durch einen Prophetenmeister voraus, der den Kandidaten beispielsweise lehrte, wie er sich durch Fasten oder durch den Gebrauch eines Saiteninstruments in die Lage versetzen kann, Gottes Offenbarung zu empfangen (Daniel 10,3; 2 Könige 3,15).

Die Verbindung von Gottesnähe und Politik, religiöser Offenbarung und rationaler Botschaft mag uns heute eigenartig und fremd erscheinen; im alten Israel war sie das Kennzeichen prophetischer Existenz.

76. War Jesus mehr als ein Mensch? Im Mittelpunkt der Schriften des Neuen Testaments steht Jesus. Von ihm wird – in unterschiedlicher Weise, aber übereinstimmend – gesagt, er sei mehr als ein Mensch. Wie kamen seine frühen Anhänger zu diesem Glauben? Zum Verständnis kann die Unterscheidung von «Vordergrund» und «Hintergrund» dienen: Der sichtbare Vordergrund – Jesu besonderes Charisma, seine Fähigkeit, andere in seinen Bann zu ziehen, seine offenbar gut verbürgten Wunderheilungen und Ähnliches – verlangte nach einer Erklärung, einem verborgenen Hintergrund, der sich nur erahnen lässt. Diesen Hintergrund haben Jesu Anhänger spontan gefüllt, indem sie ihren Meister – in der Sprache ihrer Zeit – als «göttlichen Menschen» verstanden, als Mann, der gewöhnliches Menschenmaß überschreitet. Wie ist das genau zu verstehen? Die neutestamentlichen Schriften geben verschiedene Antworten:

(1) *Jesus ist ein Prophet, der mit Gottes Geist begabt ist.* Jesus wurde von Gott mit einer geheimnisvollen Kraft, seinem heiligen Geist, ausgestattet. Als Zeitpunkt der Ausstattung gilt der Augenblick, in dem Johannes der Täufer Jesus getauft hat. Damals soll Gottes Geist in der Gestalt einer Taube erschienen und sich auf Jesus niedergelassen haben (Markus 1,10). Dementsprechend wird Jesus der Satz in den Mund gelegt: «Der Geist des Herrn ruht auf mir, denn er hat mich gesalbt.» (Lukas 4,18) Jesus ist nach dieser Auffassung ein von Gott berufener, mit Gottes Geist begabter Prophet. Die «Salbung» mit dem Geist wird im Titel «der Gesalbte» (griechisch *christos*) festgehalten.

(2) *Jesus hat eine besondere Stellung im Geschichtsplan Gottes.* Jesus ist von Gott dazu bestimmt, nach seinem Tod in den Himmel aufgenommen zu werden; von dort soll er auf die Erde zurückkehren, um im dramatischen Geschehen des Weltendes als handelnde Person aufzutreten. Er wird Israel aus der Verstreuung zusammenführen und seine Anhänger vor Gottes Zornesgericht bewahren (Markus 13,26–27; 1 Thessalonicher 1,10). In dieser Rolle trägt Jesus den Titel «Menschensohn», den Titel jenes Engels, der in einer Vision des Propheten Daniel von Gott beauftragt wird (Daniel 7).

(3) *Jesus ist Sohn Gottes.* Von einer Jungfrau geboren, hat Jesus allein Gott zum Vater. Die entsprechende Legende wird von Matthäus und Lukas erzählt. Der Vater stellt dem Sohn – auf Anforderung – mehr als zwölf Legionen Engel zur Verfügung (Matthäus 26,53).

(4) *Jesus ist ein göttliches Wesen; vom Himmel herabgestiegen, wandelte er*

unter Menschen. Jesu göttlicher Charakter wird nur von wenigen erkannt. Diese Auffassung findet sich besonders in den Briefen des Paulus und im Johannes-Evangelium. Mehrfach wird sie in Gedichtform mitgeteilt. Eines dieser Gedichte bildet den Prolog des Johannes-Evangeliums. Die bewusst rätselhaft gehaltenen Anfangszeilen sind berühmt:

> Im Anfang war das Wort,
> und das Wort war bei Gott,
> und Gott war das Wort.
> Alles ist durch das Wort geworden,
> und ohne das Wort wurde nichts,
> was geworden ist. (Johannes 1,1–3)

Das «Wort» ist Jesus, der als Gottes erstes Schöpferwort geschildert wird. Entsprechend dem Schöpferwort «Es werde Licht» (Genesis 1,3) ist Jesus das Licht, welches das Dunkel der Welt erleuchtet. Ein anderes, von Paulus überliefertes Gedicht lautet:

> Er war Gott gleich,
> hielt aber nicht daran fest, wie Gott zu sein,
> sondern er entäußerte sich und wurde wie ein Sklave
> und den Menschen gleich. (Philipper 2,6–7)

Die Autoren der neutestamentlichen Schriften greifen in unterschiedlicher Weise auf diese Lehren zurück. Jedes der vier Evangelien gibt seine Auffassung von Jesus am Anfang zu erkennen: Für Markus ist Jesus der geistbegabte Prophet, für Matthäus und Lukas der von Maria geborene Gottessohn, für Johannes der in die Welt gekommene Gott. In der Theologie wird heute die Frage verhandelt, ob nicht der «Vordergrund» – Jesu Auftreten als Lehrer und Heiler – von größerer Bedeutung ist als die antiken Versuche, Jesus mit einem mythologischen Hintergrund zu versehen (das sogenannte Problem der Entmythologisierung).

77. Was bedeuten Brot und Wein beim Abendmahl? Zum jüdischen Passafest befindet sich Jesus mit seinen Jüngern in Jerusalem. Sie mieten einen Raum zur häuslichen Feier. Jesus bricht das Brot und teilt es den Anwesenden aus. Alle lässt er Wein aus einem Becher (oder Kelch) trinken, der weitergereicht wird. Das Brot deutet Jesus als seinen «Leib». Den Wein deutet er als «Blut». Der mit Wein ge-

15 *Das Abendmahl?* Hinter einem langen, gedeckten Tisch sitzt Jesus, rechts und links von je sechs seiner Jünger flankiert. Während Jesus in der Mitte gelassen vor sich hinblickt, sind die Tischgenossen erregt. Bestürzt fragen sie einander, wer der Verräter sein könnte, von dem Jesus sprach: «Da sahen sich die Jünger untereinander an, und ihnen wurde bange, von wem er wohl redete» (Johannes 13,22). Warum fehlt in Leonardos Bild von 1498 gerade der wichtigste Gegenstand des Abendmahls, der Kelch? Die Antwort ist einfach: Das Bild stellt gar nicht das Abendmahl dar, sondern eine verwandte Szene aus dem Johannes-Evangelium. Bei Johannes fehlt der Abendmahlsbericht. Jesus spricht von seinem Verrat, nachdem er seinen Jüngern zum Zeichen brüderlichen Dienstes die Füße gewaschen hat. – Raffaelo Morghen, Stich nach Leonardo da Vinci, 1800.

füllte Kelch wird Zeichen des «neuen Bundes» genannt. Auch in Zukunft – nach Jesu Tod – sollen die Jünger im Gedenken an ihn Brot und Wein miteinander teilen. Das Festmahl erhält einen düsteren Zug durch die Anwesenheit des Judas, der Jesus offenbar bei der jüdischen Tempelbehörde angezeigt hat (1 Korinther 11, Matthäus 26, Markus 14, Lukas 22).

Die historische Kritik findet in dem biblischen Bericht Elemente aus drei Zusammenhängen. Einige Züge weisen auf Jesu letztes Mahl selbst zurück, andere auf die Art und Weise, wie die frühe christliche Gemeinde das Abendmahl feierte; und wiederum andere Elemente verdanken sich dem erzählerischen Talent der Evangelisten: (1) Auf Jesus selbst gehen die Worte über Brot («das ist mein Leib») und Wein («das ist mein Blut») zurück. Sie haben nichts mit Jesu Tod am Kreuz zu tun, sondern stehen im Zusammenhang mit dem Streit zwischen Jesus und den Priestern am Jerusalemer Tempel. Jesus hatte den Priestern und ihren Händlern vorgeworfen, das Haus Gottes zu einer Räuberhöhle gemacht zu haben (Markus 11,15–18). Brot und Wein sind für Jesus Symbole für den Leib und das Blut eines geschlachteten Opfertieres. Jesus bringt Brot und Wein als Opfer dar. (2) Von den Evangelisten selbst stammt die Einfügung der Gestalt des Judas, die der Szene ihre ernste Stimmung und Dramatik verleiht: Von den Gefährten wird Abschied genommen, Leiden und Tod kündigen sich an. (3) Die Umdeutung von Brot und Wein auf den Leib und das Blut Jesu, der seinen Tod voraussieht, entstammt der frühchristlichen Abendmahlsfeier. Diese versteht den Kelch als Zeichen des neuen Bundes. Der «neue Bund», der vom Propheten Jeremia angekündigt wurde, besitzt keine schriftliche Bundesordnung mehr wie der alte Bund des Mose – das am Berg Sinai in alter Zeit gegebene gegenseitige Treueversprechen von Gott und Volk Israel. Das göttliche Gesetz des neuen Bundes ist jedem ins Herz geschrieben (Jeremia 31,31–34). Als Zeichen des neuen Bundes ist der Kelch das Symbol der christlichen Freiheit von der alten Lebensordnung.

78. Wie ist der Glaube an Jesu Auferstehung entstanden? Die Erzählung von der Auferstehung Jesu hat sich der christlichen Überlieferung tief eingeprägt. Besonders anschaulich fällt die Fassung im Matthäus-Evangelium aus (Matthäus 28): Am Morgen des zweiten Tages nach Jesu Tod und Bestattung gehen zwei Frauen aus seinem Jüngerkreis – Maria Magdalena und eine weitere Frau namens Maria – zum Grab in Jerusalem. Die Erde bebt, ein Engel Gottes erscheint den Frauen und wälzt den Stein vom Eingang des Grabes, während die Wächter des Grabes wie tot zu Boden stürzen. Der Engel weist auf das leere Grab und sagt zu ihnen: Jesus ist nicht hier; er ist auferstanden. Geht nach Galiläa, dort wird er euch erscheinen. Doch da erscheint Jesus selbst und bestätigt das Wort des Engels: Geht und sagt den Männern, sie sollen nach Galiläa gehen; dort werden sie mich sehen. Die Frauen teilen den Jüngern mit, was sie erlebt haben. Eilends begeben sich die Jünger – elf an der Zahl, nämlich die Zwölfergruppe ohne den Verräter Judas – nach Galiläa, wo ihnen Jesus auf einem Berg erscheint. Er beauftragt sie, zu allen Völkern zu gehen, sie zu taufen und sie seine Gebote zu lehren (gemeint sind die Gebote der Bergpredigt).

Was Matthäus etwa fünfzig oder siebzig Jahre nach Jesu Tod geschrieben hat, gehört bereits zur reichen Legendenbildung um die Auferstehung Jesu. Die wenigen zur Verfügung stehenden Berichte machen es dem Historiker schwer, das «Osterereignis» und die sich daran anschließende Legendenbildung genau nachzuzeichnen. Doch lassen sich Grundlinien des Vorgangs erkennen:

Im Todesjahr Jesu (ca. 30 n. Chr.) haben zwei Jünger Jesu – Petrus und Jakobus – unabhängig voneinander Jesus im Traum oder Tagtraum erlebt. Aus ihrem Erleben schließen sie, Jesus lebe bei Gott im Himmel. Den Vorgang erklären sie sich wie folgt: Der Geist des Toten gelangt (nach biblischer Auffassung) entweder in das unterirdische Totenreich, oder er wird von Gott in den Himmel aufgenommen. Bereits die Psalmen kennen diese Doppelheit (Psalm 16); das himmlische Schicksal ist Gott besonders nahestehenden Menschen vorbehalten. Wer von Gott der Aufnahme in den Himmel gewürdigt wird, bleibt nur kurz im Totenreich; am dritten Tag nimmt ihn Gott in den Himmel auf. Diese zeitliche Bestimmung ist einem alttestamentlichen Prophetentext entnommen: «nach zwei Tagen wird er uns beleben, am dritten Tag wird er uns aufrichten, und wir werden leben vor ihm» (Hosea 6,2). Daher die Botschaft: Jesus ist am dritten Tag nach seinem Tod auferstanden; er lebt und ist bei Gott.

Um das Jahr 55 berichtet Paulus, Jesus sei «dem Kefas (d. h. Petrus) erschienen, dann den Zwölfen. Danach erschien er mehr als 500 Brüdern. ... Danach erschien er dem Jakobus, dann allen Aposteln» und zuletzt noch Paulus selbst (1 Korinther 15,5–8). Abgesehen von seinem eigenen Erlebnis berichtet Paulus, wie er selbst mitteilt, aus zweiter Hand. Petrus und Jakobus haben ihm von ihrem Erlebnis berichtet. Zum einfachen Ereignis individuellen Sehens sind Massenvisionen hinzugetreten. Man hat Paulus erzählt, *allen* seinen Anhängern – nämlich 500 Personen – sei Jesus erschienen.

Zwischen etwa 70 und 100 finden wir in den Evangelien eine ausgearbeitete Auferstehungslegende mit den Motiven: leeres Grab, Frauenbesuch am Grab, Engelerscheinung, Jesuserscheinung. Die Anwesenheit des Auferstandenen wird immer konkreter geschildert: Der Auferstandene wird berührt, er nimmt Speise zu sich. Schließlich mündet die Erzählung bei Lukas in eine Legende, die von einer vierzigtägigen Belehrung der Jünger durch den Auferstandenen und dessen anschließender Himmelfahrt weiß (Lukas 24, Johannes 20–21, Apostelgeschichte 1,1–11).

79. Wie ist der Apostel Paulus Christ geworden? Paulus war zunächst Verfolger der Christusgläubigen. Doch dann geschah etwa im Jahr 34 etwas Unerwartetes: Paulus wurde selbst Christ. Er berichtet, Gott habe es gefallen, ihm «seinen Sohn zu offenbaren» (Galater 1,16). Die Folge war eine radikale Lebensänderung: Paulus wurde zum christlichen Missionar und zum bedeutendsten Theologen der ersten christlichen Generation.

Wollen wir mehr über die Lebenswende des Paulus und ihre Folgen erfahren, müssen wir zu jener romanhaften Paulusbiographie greifen, die uns die Apostelgeschichte bietet. Erzählt wird von einer dramatischen Verwandlung des Paulus in der Nähe der Stadt Damaskus (Apostelgeschichte 9): Der Christenverfolger wird von einem Lichtstrahl getroffen, stürzt zu Boden, vernimmt Jesu an ihn gerichtetes Wort – «Saul, Saul, warum verfolgst du mich?» – und erblindet. Ein Gläubiger wird in einem Traum von Jesus beauftragt, sich um Paulus zu kümmern. Paulus erhält das Augenlicht wieder und wird getauft. Die Taufe schildert Paulus selbst als symbolisches Sterben und Auferstehen mit Christus (Römer 6,3–4), während die Apostelgeschichte von einer Erfüllung mit heiligem Geist spricht. Durch die Taufe verwandelt, ist Paulus ein neuer Mensch. In Jesus Christus hat er einen göttlichen Herrn, der ihn schützt.

Die Berufungsgeschichte gibt nicht nur die persönliche Geschichte des Paulus wieder; sie entspricht auch der Geschichte vieler Menschen seiner Zeit, die in der kosmopolitischen hellenistisch-römischen Welt den lokalen religiösen Kulten ihrer ländlichen Heimat entfremdet waren und nach individuellem göttlichem Schutz verlangten. Einen Schutzgott oder eine Schutzgöttin fanden sie durch Einweihung in einen «Geheimkult» (Mysterienkult), so genannt, weil über Einzelheiten der Einweihung Stillschweigen zu wahren war.

Von einer Einweihung, die der des Paulus entspricht, erfahren wir in dem heidnischen Roman *Der goldene Esel* von Apuleius (2. Jahrhundert). Erzählt wird vom Schicksal eines Mannes namens Lucius. Von Gegnern in einen Esel verwandelt, erlebt der Eselsmensch allerlei Abenteuer. Schließlich kann er sich mit Hilfe der Göttin Isis, die ihm erscheint und mit ihm redet, von der Eselsgestalt befreien. Die Zusage der Göttin an Lucius, die Rückverwandlung in einen Menschen mit Hilfe eines Priesters und die Einweihung in den Isiskult durch symbolisches Sterben, gefolgt von der Rückkehr ins Leben:

das sind die Etappen des von Apuleius erzählten Vorgangs. Der dem Leben wiedergeschenkte Lucius bleibt fortan ein ergebener Diener der Göttin; sie wird ihn künftig beschützen.

80. Eine einzige Religion für die ganze Menschheit: Wie kommt Paulus auf diese Idee? Paulus zehrt von einem doppelten Erbe: der stoischen Philosophie und der jüdischen Religion. Das Denken der Stoa muss ihm in seiner Vaterstadt Tarsus in der südlichen Türkei begegnet sein, wo die Jugend der Bürger mit stoischer Philosophie vertraut gemacht wurde (Strabon, *Geographie* 14,5,31). Nach dieser Philosophie sind die Menschen in Weise und Toren einzuteilen; doch als Vernunftwesen sind alle gleich. Soziale und geschlechtliche Differenzen und das Herkunftsland haben keine Bedeutung. Zwischen Griechen und Barbaren, Männern und Frauen, Freien und Sklaven besteht daher kein Unterschied.

Für die jüdische Religion, die ihm schon von seiner Familie her vertraut war, hat sich Paulus während seines Studiums in Jerusalem begeistert. Als Hauptlehre des Judentums gilt der Glaube an den einen Gott, Schöpfer des Alls und Vater aller Menschen. Wenn sich der jüdische Monotheismus mit dem kosmopolitischen Gedankengut der Stoa verbindet, entsteht die Idee einer einzigen Menschheitsreligion. Diese Idee sucht Paulus zu verwirklichen. Sein Bekenntnis zum Monotheismus verbindet er mit einem Bekenntnis zum stoischen Menschenbild: Grieche und Nichtgrieche, Sklave und Freier, Mann und Frau sind gleich (Galater 3,28).

Der Überführung aller traditionellen Religionen in eine einzige stehen die jüdischen Sonderbräuche entgegen: der Sabbat als arbeitsfreier Wochentag, das Abtrennen der männlichen Vorhaut (Beschneidung), der Verzicht auf den Verzehr von Schweinefleisch und Ähnliches. Das alles muss wegfallen, meint Paulus. Zwar verstehen die Juden ihre besonderen Bräuche als göttliches Gesetz, aber sie können diese Bräuche ohne schlechtes Gewissen aufgeben. Die Möglichkeit dazu lässt sich nach Paulus aus der Bibel selbst ableiten. Das zeigt Paulus an der Gestalt Abrahams, wie er in der Genesis geschildert wird (Galater 3,6–18; Römer 4). Noch bevor er das Gebot der Beschneidung bekommen hat (Genesis 17), hatte Abraham von Gott bereits die Verheißung zahlreicher Nachkommenschaft erhalten, eine Verheißung, an die er fest und treu glaubte (Genesis 15,1–6). Auf solchen Gottesglauben komme es an; an ihm hänge alles – und nicht an den später eingeführten jüdischen Bräuchen. So ist Paulus ein radikaler Kosmopolit. Jüdische Sonderbräuche kann er tolerieren, aber eigentlich sollen sie von allen aufgegeben werden. Mit dieser Auffassung hat Paulus unter den frühen Christen begeisterte Zustimmung erhalten, aber auch heftige Kritik. Daher seine Bereitschaft zum vorläufigen Kompromiss mit seinen Kritikern. Den Gemeinden gibt Paulus diesen Rat: Wer schwach im Glauben ist, möge am jüdischen Brauchtum festhalten, wer über einen starken Glauben verfügt, kann traditionellem Brauchtum entsagen und so die neue Weltreligion – das Christentum – verwirklichen (Römer 14).

81. Sind religiöse Vergehen strafbar? In der Bibel finden wir nicht nur ein ausgeprägtes System religiöser Vorschriften, sondern es ist auch von Überwachung und Strafe die Rede. Nach dem Buch Deuteronomium sind alle Israeliten gezwungen, Mitglied der Religionsgemeinschaft zu sein. Jedes Mitglied soll den einen Gott aus ganzem Herzen und mit ganzer Kraft verehren. Wer davon abweicht, indem er anderen Göttern Opfer darbringt oder andere zu solchem Tun verführt, macht sich strafbar. Wer von dem Vergehen erfährt, muss den Übeltäter oder die Übeltäterin anzeigen – selbst dann, wenn es sich um den eigenen Sohn oder Ehepartner handelt. Wird der Angezeigte für schuldig befunden, wird er durch Steinigung getötet (Deuteronomium 13).

Nach diesem Muster verfuhr auch der Apostel Paulus, als er – vor seiner Bekehrung zum Christusglauben – Christen verfolgte und bestrafen ließ: «Er drang in ihre Häuser ein, schleppte Männer und Frauen fort und lieferte sie ins Gefängnis.» An der Hinrichtung zumindest eines Christen wirkte er mit (Apostelgeschichte 8,1–3). In der Synagoge der neutestamentlichen Zeit gab es neben der Todesstrafe auch andere Sanktionen für geringere Vergehen. Für seine christliche Predigt in jüdischen Gemeinden wurde Paulus, der sich als Jude betrachtete, mehrfach mit 39 Hieben gegeißelt, einmal sogar gesteinigt, eine Maßnahme, die er – fast ein Wunder – überlebte (2 Korinther 11,24).

In der frühen Kirche gab es zunächst wenig Anlass, ein religiöses Strafrecht zu entwickeln. Für Gemeinden, deren Mitglieder aus dem Judentum kamen (und nicht aus dem Heidentum), belegt jedoch bereits das Neue Testament Ansätze zu einem Strafwesen. Nach dem Matthäus-Evangelium soll Jesus selbst die öffentliche Zurechtweisung von Sündern in der Gemeindeversammlung angeordnet haben; dabei bleibt allerdings unklar, an welche Art von Sünde gedacht ist (Matthäus 18,15–17). Um kirchliche Disziplin einzuschärfen, erzählt die Apostelgeschichte von einem Ehepaar, das tot umfällt, als es Petrus in einer Geldsache belügt (Apostelgeschichte 5,1–11). Unter der Maske heiliger Ordnung wird Schrecken verbreitet. Inquisition und kirchliche Zensur haben hier ihren Ursprung. Auch heute verlangen religiöse Gemeinschaften von ihren Mitgliedern Wohlverhalten und Konformität; wer den Anforderungen nicht genügt, kann bestraft werden. Bis heute sind die Kirchen damit beschäftigt, ihr Strafrecht zu überprüfen – oder ganz auf ein solches zu verzichten.

82. Kennt die Bibel ein Leben nach dem Tod? Die Frage, ob das Leben eines Menschen nach dem Tod weitergeht, wird in der Bibel unterschiedlich beantwortet: Gewöhnliche Leute, Priester und jene Gebildeten, die sich der Philosophie verpflichtet wussten, hatten jeweils besondere Vorstellungen.

Der Glaube der gewöhnlichen Leute ist vor allem im Alten Testament gut zu erkennen. Wer stirbt, so wird hier angenommen, kommt an einen unterirdischen Ort, ein Dorf oder eine Stadt im Kellergeschoss des Weltgebäudes. Dort wird der Tote bekannte Gestalten, Reiche und Arme, und vor allem seine eigenen Vorfahren sehen. Daher die häufige Wendung «er verschied und wurde mit seinen Vorfahren (oder Vätern) vereint» (so die Notiz über Jakobs Tod, Genesis 49,33). Das Totenreich – hebräisch: die Scheol, griechisch: der Hades – wird als finsterer, unwirtlicher Ort geschildert. Nur ein einziges Mal schlägt ein biblischer Autor einen anderen Ton an: Wenn der stets hungrige Bettler Lazarus stirbt, wird er in den Hades gebracht; dort wartet Abraham auf ihn, um ihn mit Speise und Trank zu versorgen (Lukas 16,19–31).

Der Glaube der Priester weicht vom Laienglauben schon durch den Ort ab, der auf den Verstorbenen wartet. Auf den Priester wartet nicht das unterirdische Totenreich, sondern der Himmel – ein Ort im oberen Stockwerk des Weltgebäudes, wo Gott seine Residenz hat. Die Lehre von der Aufnahme in den Himmel war zuerst wohl die Geheimlehre der Leviten, einer bestimmten Gruppe von Kultdienern (noch erkennbar in mehreren Psalmen, etwa 16, 49 und 73). Im 1. Jahrhundert hat man offen darüber gesprochen. Alle Frommen – besonders die Christusgläubigen – nahmen diese Lehre an und hofften auf eine Aufnahme in den Himmel. Mehrfach drückt sich der Himmelsglaube in Legenden und Visionsberichten aus: Das Grab des Mose ist nicht aufzufinden. Elija soll lebend von einem feurigen Wagen in den Himmel geholt worden sein. Jesu Grab ist leer, denn Gott hat ihn auferweckt und seinem Leib neue Eigenschaften verliehen, so dass er zum Himmel auffahren konnte. Im Buch der Offenbarung beschreibt der Seher eine neue Welt, in der Gott und Christus in einer Stadt herrschen, die vom Himmel herabkommt, dem neuen Jerusalem, das allen Gläubigen offenstehen wird.

Die dritte Form, der Philosophenglaube, ist von ganz anderer Art. Manche Philosophen hielten den Glauben an ein Leben nach dem Tod für unbegründet: Für Mensch und Tier gebe es nur ein Schicksal, den Zerfall zu Staub. So sahen das der Grieche Epikur und der Römer Lucretius, und im Alten Testament ist Kohelet, der Prediger Salomo, derselben Ansicht. Unter den modernen christlichen Theologen hat sich Dorothee Sölle in diesem Sinne erklärt.

Doch nicht alle Philosophen der Antike lehnten den Jenseitsglauben ab. Platon entwickelte im 4. Jahrhundert die Lehre von der unsterblichen Seele. Der Seelenglaube hat auch in die Bibel Eingang gefunden, so wenn Jesus sagt, die Verfolger der Christen könnten zwar den Leib töten, aber nicht die Seele (Matthäus 10,28). Mehr oder weniger deutlich ist der Seelenglaube im Buch der Weisheit und bei Paulus im 2. Korintherbrief zu finden. Der Glaube an eine unsterbliche Seele ist in der Spätantike zur führenden Lehre aufgestiegen. Philosophen wie der Stoiker Seneca sowie alle Platoniker und alle christlichen Theologen haben ihn bis in die Neuzeit unterstützt.

Gelöste und ungelöste Rätsel

83. Hat die Sintflut wirklich stattgefunden? Nach der biblischen Erzählung (Genesis 6–9) baute Noach (Noah), ein Mann der frühen Menschheit, ein Schiff, die «Arche». In diesem Schiff habe er zusammen mit seiner Familie und vielen Tieren eine die ganze Welt heimsuchende Flutkatastrophe, die Sintflut, überstanden. Noach ist keine historische Gestalt; von ihm erzählt ein Mythos. Derselbe Mythos wird auch im babylonischen Gilgamesch-Epos erzählt, wo der Sintflutheld Ut-Napischti heißt und wie Noach aus seinem Schiff Vögel aussendet, um zu erkunden, ob sie Land erspähen und nicht zum Schiff zurückkommen. Doch wie steht es mit der Flut? Hat es eine weltweite Überschwemmung der Erde wirklich gegeben, eine Katastrophe, der alle Menschen zum Opfer fielen außer jenen, die in der Arche überlebten? Auf diese Frage geben Naturforscher und Mythenforscher bis heute unterschiedliche Antworten.

Viel Aufsehen hat das Buch *Sintflut: Ein Rätsel wird entschlüsselt* (2001) der amerikanischen Geologen William Ryan und Walter Pitman erregt: Die biblische Erzählung könnte auf einer gewaltigen Katastrophe des 7. Jahrtausends v. Chr. beruhen. Damals sollen in kurzer Zeit gewaltige Wassermassen aus dem Mittelmeer in eine von Menschen besiedelte Tiefebene eingebrochen sein. An die Stelle der Tiefebene ist das Schwarze Meer getreten.

Mythenforscher haben Ryan und Pitman widersprochen. Der Flutmythos müsse älter sein als das 7. Jahrtausend; schon die Sorge um die Rettung der Tiere spreche für eine sehr alte Zeit, in der es noch keinen Ackerbau gab und menschliches Leben auf Jagdtiere angewiesen war. Nach Michael Witzel geht die Fluterzählung auf eine uralte Volkserzählung zurück. Als unsere Vorfahren um 65 000 v. Chr. ihre afrikanische Heimat verließen, um sich über die Welt zu zerstreuen, hätten sie bereits einen Flutmythos gekannt. Um 40 000 v. Chr. sei die Flut zu einer Episode in der Erzählung von der Weltentstehung geworden, die man als den «ältesten Roman der Menschheit» bezeichnen mag. Dieser sei in alle Kontinente getragen worden – von Vorderasien nach Ostasien und in alle Teile von Amerika (E. J. Michael Witzel, *The Origins of the World's Mythologies*, 2012).

So stehen sich verschiedene Meinungen gegenüber. Die Frage, ob die Sintflut wirklich stattgefunden hat, ist bis heute nicht endgültig beantwortet.

16 *Der Tanz um das Goldene Kalb.* Im Reigen tanzen die Israeliten um das Stierbild, das auf einer hohen Säule steht. In biblischer Zeit tanzte man nicht um das Kultbild herum, sondern vor dem Bild. Sprichwörtlich geworden ist der «Tanz um das Goldene Kalb». Anders als es das Sprichwort will, sagt der Bibeltext nicht, der Tanz erfolge als Reigen um das Kultbild. Diese Vorstellung stammt vom Brauch des Tanzes um den Maibaum, der seit dem Mittelalter für weite Teile Westeuropas belegt ist und dessen Geschichte weit zurückreicht; bereits ein antikes Tonmodell aus Zypern (rechts) zeigt drei Frauen, die um einen heiligen Baum tanzen. – Holzschnitt aus der Weltchronik von Hartmann Schedel, 1493; Tonmodell aus Kythrea, ca. 600/300 v. Chr.

84. Warum tanzte Mose nicht um das Goldene Kalb? Die Erzählung vom Goldenen Kalb (Exodus 32) ist eine Episode aus der Geschichte von Israels Aufenthalt in der Wüste. Mose wird vierzig Tage lang auf dem Berg Sinai von Gott über die religiösen Gebote und Verbote belehrt. Während dieser Zeit wird im Lager der Israeliten Kritik an der neu verordneten Bildlosigkeit Gottes laut. Vom Volk gedrängt, lässt der Priester Aaron das goldene Bildwerk eines Stieres herstellen. Nun hat das Volk, was es will: Eine bildliche Darstellung seines Gottes in Gestalt eines jungen, kräftigen Stiers. Gefeiert wird dieses Goldene Kalb in einem ausgelassenen Fest *(Abb. 16)*. Als Mose zurückkehrt, hört er den fröhlichen Lärm und sieht die Tänze. Im Zorn vernichtet er den goldenen Stier und lässt jene, die sein Gottesgesetz auch weiterhin nicht bedingungslos annehmen wollen, von einer priesterlichen Miliz niedermetzeln. 3000 Menschen müssen auf diese Weise ihr Leben lassen.

Aber warum tanzte Mose nicht mit? Die von der modernen Forschung gegebene Antwort lautet: Der Erzählung liegt die Auseinandersetzung zwischen zwei Religionsparteien im Alten Israel zugrunde. Die Mose-Partei setzte sich für die Bildlosigkeit des Jahwekults ein, die Aaron-Partei dagegen verehrte Jahwe in Gestalt einer Stierskulptur, die als Symbol von Fruchtbarkeit und Kampfbereitschaft in den Tempeln von Bet-El und Dan aufgestellt war. Die biblische Erzählung ist aus dem Blickwinkel der Mose-Partei geschrieben, jener Richtung also, der das Judentum bis heute in der Ablehnung bildlicher Darstellungen Gottes folgt. Die Opposition gegen Mose hat Sigmund Freud stark beschäftigt. Der biblische Text, so mutmaßt er in seinem Buch *Der Mann Moses und die monotheistische Religion* (1939), verschweige die Rache der Opposition an dem überstrengen Volkserzieher: Mose habe seine Autorität nicht lange erhalten können; er sei von seinen Gegnern ermordet worden.

85. Mose ist zornig, Josef freundlich. Warum?

Unterschiedlichere Menschen lassen sich kaum denken: Josef ist von heller, freundlicher Sinnesart, ein Mann, der mit allen auskommt. Seinen Brüdern, die ihn in die Sklaverei verkauft haben, kann er verzeihen *(Frage 9)*. Mose dagegen ist verschlossen und zornig, er hadert mit jedem, der ihm Widerstand entgegensetzt: dem König von Ägypten, den Unzufriedenen in seinem eigenen Volk, den Übertretern des göttlichen Gebots. Als Mose das von Aaron angefertigte Goldene Kalb sieht, entbrennt sein Zorn, er zerschmettert die Schrifttafeln, die er kurz zuvor von Gott erhalten hat, lässt das Goldene Kalb zerstören und 3000 Menschen töten (Exodus 32).

Wie lässt sich dieser Unterschied der Temperamente bei zwei der prominentesten biblischen Gestalten erklären? Bei der Antwort hilft uns das Begriffspaar «offene Gesellschaft» – «geschlossene Gesellschaft» aus der Gesellschaftstheorie des Philosophen Karl Popper. Die geschlossene Gesellschaft schließt sich nach außen ab, lässt keine Berührung mit fremden Kulturen zu und ist auf strenge, autoritäre Reglementierung aller Lebensbereiche bedacht. Die offene Gesellschaft dagegen ist anderen Kulturen gegenüber aufgeschlossen; auch lässt sie ihren Mitgliedern Spielräume für individuelle Entfaltung. Josef ist ein Mann der offenen Gesellschaft, der als

17 *Das salomonische Urteil.* Wem gehört der Säugling? Zwei Frauen streiten sich vor dem Richter um ein Kleinkind. Ein behelmter Soldat ist im Begriff, das Kind mit einem Beil zu zerteilen. Von den zwei Frauen steht die eine neben dem Hackblock, bereit, ihre Hälfte in Empfang zu nehmen. Die andere kniet bittend vor dem König, der auf der Tribüne thront, angetan mit langem Gewand und Turban. Der antike Künstler hält den dramatischen Höhepunkt der Erzählung fest. Ist das Fresko die älteste bildliche Darstellung einer biblischen Szene – der Szene von König Salomos Urteil (1 Könige 3)? Oder soll der ägyptische König Bokchoris dargestellt werden, von dem man dieselbe Anekdote berichtet? – Fresko aus Pompeji (vor 79 n. Chr.), Museo Archeologico, Neapel.

Gouverneur segensreich in einem fremden Land – in Ägypten – wirkt. Als Vertreter des geschlossenen Gesellschaftstyps verlässt Mose Ägypten und besteht darauf, die Israeliten von allen Völkern zu trennen. Mose beharrt auf Separatismus, Gesetz und priesterlicher Religion in einer öden Wüstenlandschaft, wo das Leben auf das Wesentliche beschränkt bleibt. Josef steht für Offenheit, Versöhnung, Freundschaft und großzügige Philanthropie in einem Land, das für grüne Weiden, fette Kühe, Wasserreichtum, Fische und legendäre Ernteerträge berühmt war. Ägypten galt als Land, wo Menschen an Fleischtöpfen sitzen und sich satt essen. Statt von einem Exodus aus Ägypten berichtet die Josefsgeschichte von einem umgekehrten Auszug – aus Palästina nach Ägypten.

Mose und Josef sind alternative Gründergestalten des Judentums.

Mit Mose verbinden sich tragische Züge: Durch Mose wird dem Volk ein Gesetz gegeben, dessen Forderungen es nicht gerecht werden kann und an denen es scheitern wird. Auf dem Geschehen lastet Schwere und Tragik. Statt tragischer Weltsicht herrscht in der Josefsnovelle eine positive Weltsicht: Letztlich ist die Welt gut, vermag sie doch selbst dem entwurzelten Menschen nach mancher Verwicklung eine Heimat zu bieten. Verfeindete Brüder können einander vergeben und sich versöhnen. Die Bibel drängt dem Leser keine Entscheidung zwischen dem Ethos der Verantwortung und dem Ethos des Gehorsams auf. Sie lässt Josef neben Mose stehen.

86. Woher kommt die Geschichte vom Urteil Salomos? Zwei Dirnen leben im selben Haus. Beide haben gerade einen Knaben geboren. Als die eine nachts erwacht, findet sie zu ihrem Schrecken ihr Kind tot. Rasch tauscht sie es gegen das andere Kind aus. Doch die Mutter des lebenden Kindes bemerkt den Betrug. Nun streiten sich die beiden um den Knaben. Der Fall kommt vor den Herrscher. Dieser lässt ein Schwert holen. Jede der Frauen soll eine Hälfte des Knaben bekommen. Erschrocken lenkt eine der beiden Frauen ein: Die andere soll das Kind haben, wenn es nur am Leben bleibt. Am Mitleid erkennt Salomo, wer die richtige Mutter ist, die nun ihr Kind zurückbekommt (1 Könige 3,16–28).

Diese Legende ist in vielen Ländern bekannt; hier wird sie von dem einen, dort von dem anderen Herrscher oder weisen Richter berichtet, besonders häufig in Indien. Dort sind es nicht zwei Dirnen, sondern zwei rivalisierende Frauen desselben Mannes; jede will mit ihrem Kind die Gunst des Mannes und zugleich die Stellung als Herrin und Erbin des Hauses erringen. Da diese Begründung für den Streit besser ist als die in der Bibel gebotene, wird man den Ursprung der Erzählung in Indien suchen. In nachbiblischer Zeit hat die Erzählung, durch Ägypten oder die Bibel vermittelt, auch Italien erreicht *(Abb. 17)*. Heute ist sie auch aus Bertolt Brechts Theaterstück *Der kaukasische Kreidekreis* bekannt.

87. Wer redet eigentlich, wenn Gott redet? Jahwe, der Gott Israels, wird oft als redender Gott dargestellt; was er sagt, wird Wort für Wort mitgeteilt. Drei Szenen der Mose-Erzählung sind dafür kennzeichnend: (1) Als Mose die Schafe seines Schwiegervaters hütet, wird er auf einen brennenden Dornbusch aufmerksam; er nähert sich ihm und hört die Stimme Gottes, die zu ihm aus dem Feuer spricht und ihn beauftragt, die Israeliten aus Ägypten zu führen (Exodus 3). (2) Am Berg Sinai angelangt, werden die aus Ägypten befreiten Israeliten Zeugen eines überwältigenden Geschehens. Der Berg hüllt sich in Rauch, es donnert und blitzt, Mose redet, und Gott antwortet im Donner. Alle hören, was Gott sagt: «Ich bin Jahwe, dein Gott, der dich aus Ägypten geführt hat, aus dem Sklavenhaus. Du sollst neben mir keine anderen Götter haben.» Es folgen dann aus dem Mund Gottes die Zehn Gebote (Exodus 19–20). (3) Weitere Gebote erhält Mose ohne Zeugen, als er den Berg Gottes besteigt, um dort mit Gott allein zu reden. Später wird außerhalb des Lagers der Israeliten ein geheimnisvolles Zelt gebaut; dorthin begibt sich Mose, um mit Gott zu reden, «Auge in Auge, wie Menschen miteinander reden» (Exodus 33,11; ebenso Numeri 12). Dem Leser drängt sich die Frage auf, wer eigentlich redet, wenn Gott redet. Mehrere Theorien wurden darüber aufgestellt:

Wundertheorie: Gott selbst redet. In der Wüste hat Gott ein Wunder geschehen lassen, nämlich das einer unmittelbaren, an Mose und das Volk ergehenden Wortoffenbarung. Während Gott sonst weder sichtbar noch hörbar ist, sind hier die Regeln anders. Das ist die traditionelle, bis in die Neuzeit von Theologen vertretene Auffassung.

Betrugstheorie: Es gibt keinen Gott; daraus folgt: Mose redet – und täuscht seine Zeitgenossen. Diese Sicht propagierte im 18. Jahrhundert eine anonyme Schrift mit dem Titel *Von den drei Betrügern* (gemeint sind Mose, Jesus und Mohammed).

Übertreibungstheorie: Mose hört eine innere Stimme, die er als Gottes Stimme versteht – so beispielsweise in Thomas Manns Erzählung *Das Gesetz* (1944). Es liegt ein kleines, wenig spektakuläres Wunder vor. Überwältigt von typisch orientalischer, zu Übertreibung und Ausmalung neigender Phantasie, schmückt der biblische Erzähler den Vorgang aus. In der Bibel selbst wird die Übertreibung wieder ein Stück zurückgenommen: Mose habe nicht Gottes Antlitz gesehen, sondern nur dessen «Rücken» (Exodus 33,20–23).

Fiktionstheorie: Das ist die heute übliche Auffassung der Bibelwissenschaft. Demnach haben jüdische Gelehrte der Perserzeit (im 5. oder 4. Jahrhundert v. Chr.) die Erzählung von der mosaischen Offenbarung ersonnen. Eine solche Geschichte konnte nur erdacht werden, weil in Israel wörtliches Reden Gottes aus dem Mund der Propheten bekannt war. Doch haben die Erzähler gegenüber den Propheten mehrere Neuerungen eingeführt: Während Gott durch die Propheten zeit- und situationsbezogene Anweisungen gibt (zum Beispiel über Krieg und Frieden in einer bestimmten historischen Stunde), werden nun Weisungen gegeben, die für immer gelten sollen; während sich der Gott der Propheten nur zu wenigen Themen wie Krieg und Ausbeutung der armen Bauern äußert, erlässt Gott jetzt eine ganze Kult- und Lebensordnung; während der Prophet Gottes Stimme im Innern zu vernehmen glaubt, wird die Stimme Gottes nun als objektiv hörbar dargestellt.

88. Kommt Jesus im Alten Testament vor? Diese Frage ist von vielen Lesern der Bibel bejaht worden; noch heute gibt es diese Meinung. Sie besagt: Nicht erst die Evangelien sprechen von Jesus; schon das Alte Testament biete ein prophetisches Porträt von ihm. Lässt sich diese Auffassung halten? Sehen wir uns jenen Textabschnitt an, der als das deutlichste «Jesus-Porträt» im Alten Testament gilt! Es handelt sich um die sogenannten Gottesknechtslieder im Jesajabuch (Jesaja 49–53). Sie entwerfen folgendes Bild: Der Prophet wird bereits vor seiner Geburt zu seinem Amt bestimmt. Sein frühes Leben verbringt er, von Gott geschützt, im Verborgenen. Für sein Amt wird er durch göttliche Offenbarung ausgerüstet. Er soll das Volk Israel zu Gott zurückzuführen; doch für fremde Völker hat er ebenfalls eine Bedeutung. Er erfährt Widerspruch, doch er hofft auf göttlichen Beistand. Der Widerstand gegen ihn nimmt zu, führt zu tätlichen Angriffen auf ihn, zuletzt zu seinem gewaltsamen Tod. Dieser wird als Opfer gedeutet: Indem der Gottesknecht für die Sünden des Volkes Israel stirbt, löscht er dessen Schuld aus. Für seine Treue wird der Prophet von Gott erhöht, gemeint ist damit wohl: in den Himmel aufgenommen.

Diese Gestalt hat keinen Namen. Warum? Die traditionelle Antwort lautet: Der Gottesknecht hat keinen Namen, weil hier Auftreten und Sterben Jesu angekündigt werden. Diese Deutung wird bereits in der Apostelgeschichte vertreten: Ein äthiopischer Hofbeamter, offenbar ein frommer Jude, reist von Jerusalem nach Äthiopien. Unterwegs begegnet er dem Apostel Philippus. Sie kommen ins Gespräch über das Buch Jesaja, in dem der Äthiopier gerade liest. Auf die Frage, was es mit jenem Mann auf sich habe, der «wie ein Schaf zur Schlachtbank geführt wird» (Jesaja 53,7), weiß Philippus eine klare Antwort: «Er begann, ihm von dieser Schriftstelle aus das Evangelium von Jesus zu verkünden» (Apostelgeschichte 8,26–39). Auch sonst finden sich Spuren dieser Interpretation im frühen Christentum. Am deutlichsten bei Justin dem Märtyrer in dessen *Dialog mit dem Juden Tryphon* (um 160): «Jeder, der die Worte des Propheten (Jesaja) kennt, wird, sobald er hört, Jesus sei gekreuzigt worden, sagen: Er, und kein anderer, ist der Christus (Messias)!»

Heute werden die Gottesknechtslieder anders verstanden. Sie handeln von einem uns unbekannten Propheten des 6. Jahrhunderts. Als dieser ermordet wurde, haben seine Anhänger seinen Tod als Sühne für Israels Sünden verstanden. Auf der Suche nach Texten des Alten Testaments, die Jesu Übereinstimmung mit der jüdischen Überlieferung beweisen sollten, stießen frühe Christen auf die Gottesknechtslieder. In ihnen fanden sie eine Prophetie. Die Gottesknechtslieder können – aus heutiger Sicht – Jesu Bedeutung nicht beweisen, wohl aber dazu dienen, sie zu verdeutlichen. Im Geschick Jesu hat sich das Geschick des Gottesknechts wiederholt.

89. Jesus hat das Reich Gottes angekündigt. Hat er sich geirrt? Ein großes Ereignis steht bevor, das gewaltigste der gesamten Geschichte der Menschheit: Gott wird kommen, um das Volk Israel aus seiner Knechtschaft – nämlich der politischen Unselbständigkeit – zu befreien und das Reich Gottes zu errichten. Diese Befreiung steht nahe bevor; man glaubte, in wenigen Jahren werde die Welt anders aussehen. Dann werde das Volk Israel im Zentrum der Welt stehen, vielleicht sogar alle anderen Völker beherrschen. Die erwartete große Wende wurde mit unterschiedlichen Zügen versehen. Man dachte an ein göttliches Gerichtsverfahren oder an einen Krieg, den ein von Gott gesandter messianischer König gegen die Völker, die Israel unterdrücken, siegreich führen wird.

Die frühen Christen teilten diese im Judentum ihrer Zeit verbreitete Erwartung, verliehen ihr jedoch einen eigentümlichen Zug: Die entscheidende Gestalt in diesem Geschehen – der Richter oder Heerführer – werde der vom Himmel auf die Erde zurückkehrende Jesus Christus sein. Von Jesus wird der Satz überliefert, es gebe Menschen, die das Ereignis noch erleben werden (Markus 9,1). Paulus war derselben Meinung (1 Korinther 15,51).

Die erwartete große Wende blieb jedoch aus. In der vermutlich spätesten Schrift des Neuen Testaments, dem 2. Petrusbrief (ca. 140/ 180 n. Chr.), erfahren wir von Spöttern, welche die freche Frage stellen: Was ist nun mit der Wiederkunft Christi? Die Antwort des Briefschreibers lautet: Gottes Zeitbegriffe decken sich nicht mit der Zeitauffassung der Menschen; wenn die christliche Überlieferung das Kommen des Herrn «bald» erwarte, so könne das, menschlich betrachtet, noch sehr lange dauern.

Hat Jesus selbst geglaubt, dass eine große Umwälzung bevorsteht und das Reich Gottes bald kommt? Hat er sich selbst eine Rolle bei diesem Geschehen zugeschrieben? Mit diesen Fragen beschäftigt sich die historische Forschung seit mehr als hundert Jahren, ohne dass Antworten gefunden worden wären, die alle Forscher befriedigen. Nach Albert Schweitzer (1875–1965) waren Jesus und seine Anhänger in die Vorstellungen ihrer Zeit verstrickt; Jesus selbst habe sich für den «Menschensohn» gehalten, der als Richter wiederkommen und das Reich Gottes gründen werde. Darin habe Jesus geirrt. Was von seiner Botschaft bleibe, sei der Aufruf zur Nächstenliebe. Anders sieht es beispielsweise John D. Crossan: Jesus sei ein Weisheitslehrer gewesen. Von einem Weltgericht, einer ihm selbst vorbehaltenen messianischen Mission und einem politischen Gottesreich fänden wir bei ihm nichts. Das alles hätten ihm erst seine Anhänger zugeschrieben. Nicht Jesus habe sich geirrt, sondern seine Anhänger, darunter Paulus, hätten sich getäuscht. Zu Unrecht hätten sie Jesus die Schlüsselrolle bei der von ihnen erwarteten großen Umwälzung zugeschrieben.

90. Warum hat Judas Jesus verraten? Judas ist die finstere Gestalt im Kreis der zwölf Gefährten Jesu. Er half Vertretern des Jerusalemer Tempels, Jesus festzunehmen. Kurz vor der Festnahme verließ er Jesus, sich zur Polizei des Tempels zu begeben. Diese führte er in einen Garten, wo sich Jesus und seine Jünger aufhielten. Judas ging auf Jesus zu, begrüßte ihn durch eine Umarmung – den berüchtigten «Judaskuss» – und machte so den Schergen deutlich, wen sie gefangen setzen sollen. Für seine Hilfe erhielt Judas dreißig Silbermünzen. Als er von der Todesstrafe für Jesus erfuhr, wurde er von Reue übermannt. Er will die Belohnung zurückgeben, doch sie wird nicht angenommen. Judas wirft das Geld in den Tempel. Dann geht er weg und nimmt sich das Leben (Matthäus 26,47–50; 27,3–5). Nach einer anderen Fassung kauft er mit dem Geld ein Grundstück, und verliert durch einen Unfall sein Leben (Apostelgeschichte 1,16–18).

Warum hat Judas Jesus verraten? Die Evangelien geben zwei Gründe an: (1) Judas erhielt Geld; er hat Jesus aus Gewinnsucht angezeigt (Matthäus 26,15). (2) Hinter dem Verrat steckt der Teufel, der – nach Auffassung des Lukas- und des Johannes-Evangeliums – in Judas gefahren ist. Judas wäre demnach das willenlose Werkzeug einer finsteren Macht gewesen (Lukas 22,3; Johannes 13,2). Beide Gründe können nicht überzeugen. Ein mögliches Szenario sieht so aus: Nachdem Judas den Glauben an Jesu Sendung verloren hatte, schied er aus der Schar seiner Jünger aus. Bei den Behörden zeigte er Jesus als Unruhestifter an. Diese Tat wird in den Evangelien als «Auslieferung Jesu» (an seine Feinde) bezeichnet – vielleicht ein Euphemismus für die Anzeige. Nur ein einziges Mal wird Judas «Verräter» *(prodótês)* genannt (Lukas 6,16). Erst Luther hat das emotional aufgeladene Wort vom «Verrat» auch dann verwendet, wenn die Evangelisten nur von der Auslieferung Jesu an seine Gegner sprechen. In den Evangelien sehen wir die Anfänge der Legendenbildung um Judas. Bis heute fehlt der sprichwörtliche Verräter in keinem Jesus-Film und Jesus-Roman.

91. Saulus oder Paulus? Wie heißt er richtig? In der Apostelgeschichte wird der später bekehrte Christenverfolger zunächst als «Saulus» eingeführt; später herrscht für dieselbe Person der Name «Paulus» vor. Einmal schreibt der Autor: «Saulus, der auch Paulus heißt» (Apostelgeschichte 13,9). Daraus hat man geschlossen, Saul sei der jüdische, Paulus der christliche Name. Paulus, Christ geworden, habe seinen jüdischen Namen abgelegt. Oder er wollte sich unerkennbar machen – er ist nicht mehr der alte Christenhasser, sondern ein anderer, neuer Mensch. Die Bekehrung ist sprichwörtlich geworden: von Saulus zu Paulus.

Diese Erklärung wird heute nicht mehr vertreten, so plausibel sie auch klingen mag. Auch als Christusgläubiger hat sich Paulus stets als Jude gefühlt. Er wollte das Judentum nie verlassen. Die Erklärung des doppelten Namens ist nicht schwer. Paulus lebte in zwei Welten: einer aramäisch sprechenden jüdischen Welt, in der er den Namen «Saul» trug, der griechisch «Saulus» geschrieben wird, und in einer griechisch sprechenden Welt, in der er Paulus hieß. «Paulus», oft «Paullus» geschrieben – ein häufiger lateinischer Beiname – bedeutet «der Kleine» (vgl. *paullulus* «klein»). Diese Wortbedeutung mag zu der Vorstellung geführt haben, Paulus sei «ein Mann klein von Gestalt, kahlgeschoren und mit krummen Beinen» gewesen (*Taten des Paulus und der Thekla*, spätes 2. Jahrhundert n. Chr.) – falls der Name seinem Träger nicht beigelegt wurde, weil dieser nicht von bemerkenswerter Statur war.

92. Was hat es mit der Zahl 666 auf sich? Die Offenbarung des Johannes entwirft das Porträt eines tyrannischen Herrschers, den sie, unter Verschweigen des richtigen Namens, als «666» bezeichnet (Offenbarung 13,11–18). Der Tyrann wird in allegorischer Verhüllung als hörnertragendes teuflisches Tier geschildert. Er lässt Feuer vom Himmel auf die Erde herabfallen sowie eine Kolossalstatue errichten, die angebetet werden soll; wer sie nicht anbetet, wird getötet.

Was von dem tyrannischen Herrscher gesagt wird, lässt sich ohne Mühe auf Kaiser Nero beziehen. Nachdem im Jahr 64 n. Chr. eine möglicherweise vom Kaiser selbst verursachte Feuersbrunst den Stadtkern von Rom verwüstet hatte, ließ Nero dort die kaiserliche Residenz vergrößern und mit einer (im Jahr 75 fertiggestellten) 30 Meter hohen Statue schmücken. In der Gestalt eines nackten, mit einer Strahlenkrone versehenen Jünglings stellte sie den gottgleichen Kaiser selbst dar. Das als Gegenstück zum Koloss von Rhodos *(Abb. 10)* gestaltete Monument sollte Nero als «Weltwunder» inszenieren. Im Zusammenhang mit dem Brand (und nicht mit der Statuenverehrung) ließ Nero Christen hinrichten. Auch die Zahl 666 verweist auf Nero. Da jeder Buchstabe des hebräischen Alphabets einen Zahlenwert besitzt, lässt sich der Name «Caesar Nero» in Zahlen schreiben: QSR NRWN = 100+60+200+50+200+6+50 = 666.

Heute gilt die Zahl 666 als Symbolzahl für das Böse und für Satan. In der Popkultur der Jugendlichen stehen die drei Ziffern für Sex, Gewalt und Drogen.

Wörter der Bibel

93. Warum hat Gott einen Eigennamen? Israels Gott heißt «Jahwe». Der Gott Israels hat einen Eigennamen wie alle anderen Götter der alten Welt auch – wie Zeus, Jupiter oder Venus. Befragt, wer er sei, antwortet der Prophet Jona: «Ich bin ein Hebräer und verehre Jahwe, den Gott des Himmels.» (Jona 1,9; Einheitsübersetzung) Als die Einheitsübersetzung im Jahr 1980 erschien, war das eine Sensation: die erste deutsche Bibelübersetzung, die an einigen Stellen des Alten Testaments den Eigennamen des Gottes Israels enthielt. (Die revidierte Einheitsübersetzung will auf den Namen Jahwe wieder verzichten.) Die übliche Wiedergabe lässt sich an der Übersetzung Luthers ablesen: «Ich bin ein Hebräer und fürchte den HERRN, den Gott des Himmels.» Luther hatte eigens die Kapitälchen eingeführt, um den Gottesnamen anzuzeigen. Schreibt Luther dagegen «Herr», liegt ein Titel Gottes vor, das klangvolle hebräische Wort *Adonai*, und nicht der Eigenname.

Im Judentum wird die Aussprache des Eigennamens Gottes aus Ehrfurcht vermieden; man schreibt den Namen, liest aber ein Ersatzwort, eben «der Herr». Heute verwendet die religionsgeschichtliche Literatur oft den Namen Jahwe, obwohl die genaue Aussprache des nur konsonantisch überlieferten Wortes *jhwh* unbekannt ist. Die beste Alternative zu Jahwe ist Jahu. Die schlechteste lautet Jehova; sie ist im 16. Jahrhundert aufgekommen und wurde beispielsweise von dem Reformator Calvin benutzt, gilt aber heute als obsolet. Heinrich Heine hat das Wort gleichwohl in den stolzen Worten Belsazars verewigt: «Jehova! dir künd ich auf ewig Hohn – ich bin der König von Babylon!» (nach Daniel 5,23)

Die Bibel kennt eine Reihe weiterer Bezeichnungen für Israels Gott. Die folgende Übersicht ordnet sie nach der Häufigkeit in deutschen Bibelausgaben:

Sehr oft gebraucht:	der Herr, der HERR, Gott
Weniger oft:	der Allerhöchste, der Allmächtige, der Herr der Heere, der Höchste, der Höchste Gott
Selten:	El-Schaddai, der Heilige Israels, der Hochbetagte, Jahwe, Jah

Die Vielzahl erklärt sich aus der Entstehungsgeschichte des Monotheismus: Ursprünglich hat man in Israel mehrere Götter gekannt; diese sind im Laufe der Entwicklung zum Monotheismus gleichgesetzt worden, ohne dass auf den Gebrauch der alten Bezeichnungen ganz verzichtet wurde.

Das Neue Testament spricht von Gott als «Gott» (griechisch *theós*) oder als «Herr» *(kyrios)*. Doch auch Jesus Christus wird «Herr» *(kyrios)* genannt. Daher muss der Bibelleser den Text immer genau ansehen, um herauszufinden, von wem die Rede ist.

94. Was hat die griechische Prophetin von Delphi mit den biblischen Propheten zu tun? Das aus dem Griechischen entlehnte Wort Prophet bedeutet «Sprecher». In der Antike bezeichnete es den «stellvertretenden Sprecher» einer Gottheit. In dieser Rolle finden wir auch Frauen wie die delphische Pythia. Im Tempel von Delphi saß eine als Pythia bezeichnete Priesterin auf einem Dreifuß (einem hohen Hocker mit drei Beinen), hielt in der Hand einen Lorbeerzweig und eine Schale mit heiligem Wasser und nahm die ihr gestellten Fragen entgegen *(Abb. 18)*. Nach kurzer Meditation gab sie die Antwort – das Orakel – des Gottes Apollon bekannt. Die Menschen strömten nach Delphi, um sich in politischen und privaten Angelegenheiten den Rat des Gottes zu holen. Einer der Titel der Pythia war «Prophetin», Sprecherin des Gottes Apollon. Wird ein Orakel zitiert, sagt keiner: «Die Pythia hat gesagt», sondern es heißt: «der delphische Gott hat verkündet».

Als die hebräische Bibel ins Griechische übersetzt wurde, erkannten die jüdischen Gelehrten in der Priesterin von Delphi eine nahe Verwandte jener Gestalten, die in ihren Schriften als Seher, Gottesmänner oder *nebi'im* (Singular: *nabi*) bezeichnet wurden. Für das hebräische Wort *nabi* bot sich «Prophet» an, da die biblischen Propheten wie die delphische Seherin als stellvertretende Sprecher eines Gottes auftraten. Tatsächlich sind die Orakelsprüche der griechischen Prophetin manchmal in der ersten Person abgefasst: Der Gott spricht unmittelbar aus der Pythia, die Prophetin ist sein «Instrument». Das ist bei den Propheten der Bibel nicht anders. Allerdings gibt es doch einen Unterschied: Während die Pythia stets auf Anfragen antwortet, verkünden Israels Propheten ihr Gotteswort fast immer ungebeten. Israels Gott ergreift selbst die Initiative; er mischt sich ungefragt ins menschliche Leben ein – zumeist in die Politik.

18 *Befragung des Orakels von Delphi.* In sich versunken sitzt die Pythia auf dem Dreifuß, Lorbeerzweig und Wasserschale in der Hand – beides Mittel, sie mit dem Gott Apollon zu verbinden. Sie empfängt die Inspiration des Gottes, dessen Spruch sie dem Befrager kundtun wird. Vor ihr der Befrager, bärtig, bekränzt und die «Prophetin» erwartungsvoll anblickend. Schon antike Bibelübersetzer haben den griechischen Prophetentitel auf die biblischen Gottesmänner übertragen. – Rotfigurige Trinkschale des Kodrosmalers, ca. 440/30 v. Chr.; Altes Museum, Antikensammlung, Berlin.

95. Welcher Bestandteil des Namens «Jesus Christus» lässt sich riechen? In der Tat kommt hier der Geruchssinn ins Spiel, denn der Name bedeutet: Jesus der Parfümierte. Doch der Reihe nach!

Im 1. Jahrhundert war Jesus ein geläufiger männlicher Name; wir würden ihn als «Rufnamen» betrachten. Familiennamen in unserem Sinn gab es nicht, doch ein Rufname wurde oft mit Zusätzen versehen, denn nur so war es möglich, eine bestimmte Person unverwechselbar zu benennen. Dementsprechend sprach man von «Jesus von Nazareth» (in Nazareth, einer Stadt im Norden Palästinas, ist Jesus aufgewachsen) oder «Jesus Christus». Christus ist die griechische Wiedergabe des hebräischen Wortes «Messias» = der Gesalbte, oder genauer: der Parfümierte. Als Messias wird im Alten Testament der König bezeichnet, denn dieser wurde bei seiner Thronbesteigung mit parfümiertem Öl gesalbt – wie heute noch die Königin von England. Bei Festen haben sich in der Antike Männer wie Frauen parfümiert, doch bei der Thronbesteigung wurde, dem Anlass entsprechend, der Inthronisierte besonders hervorgehoben.

Warum wurde Jesus der Titel Christus beigelegt? Und wer hat es getan? Nach der neutestamentlichen Erzähltradition geht der Titel auf Petrus zurück, einen der engen Schüler Jesu. Das entsprechende Wort ist in verschiedenen Varianten überliefert:

«Du bist der Christus.» (Markus 8,29)
«Du bist der Christus, der Sohn des lebendigen Gottes.» (Matthäus 16,16)
«Du bist der Christus Gottes.» (Lukas 9,20)
«Du bist der Heilige Gottes.» (Johannes 6,68)

Petrus legte seinem Meister den Christus-Titel bei, weil er – erstens – als Leser der Psalmen einen von Gott zum Heil Israels gesandten messianischen König erwartete und – zweitens – in den Wundern Jesu eine Bestätigung für die Annahme sah, kein anderer als Jesus könne dieses messianische Amt übernehmen.

Manche Fachleute halten das Wort des Petrus für historisch zuverlässig: Der Titel wurde an Jesus von seinen Schülern herangetragen und von ihm nicht abgelehnt, weil er dem messianischen Sendungsbewusstsein Jesu entsprach (Martin Hengel). In der historischen Kritik wird jedoch nach alternativen Erklärungen gesucht. Viele halten das Petrusbekenntnis für das Bekenntnis der frühen christlichen Gemeinde, die das Wort Petrus in den Mund legte (Rudolf Bultmann). Nach dieser Auffassung wird das Wort des Petrus in Wirklichkeit von der frühchristlichen Gemeinde nach dem Tod Jesu gesprochen; die ursprüngliche Auffassung sei gewesen: Gott habe Jesus nach seinem Tode zum Messias erhöht. Die Gemeinde habe Jesus als eine Gestalt gesehen, die am Ende der menschlichen Geschichte wiederkommen werde, um den Gläubigen das endgültige Heil zu bringen (Ferdinand Hahn; vgl. *Frage 76*).

96. Wo wurden die Gläubigen zum ersten Mal als «Christen» bezeichnet? Nach Lukas, der wohl zu Beginn des 2. Jahrhunderts schrieb, wurden die Gläubigen zuerst in Antiochia «Christianer» genannt (Apostelgeschichte 11,26). Antiochia, heute Antakya in der östlichen Türkei, war in der Antike eine mit Rom und Alexandria vergleichbare Weltstadt. Als es in Jerusalem zu Christenverfolgungen kam, suchten viele Gläubige in Antiochia Zuflucht – und gründeten eine der bedeutendsten frühen Christengemeinden. Bereits um 40 n. Chr. gab es in Antiochia einen Kreis von christlichen Intellektuellen, die eine Theologie entwickelten. Einige Namen werden in der Apostelgeschichte mitgeteilt: Barnabas, Johannes Markus und Saulus; letzterer, von Barnabas nach Antiochia geholt, wurde unter seinem griechischen Namen Paulus berühmt.

Will man Lukas aber keinen Glauben schenken, dann wäre Rom der Ort, an dem das Wort «Christianer» zuerst gebraucht wurde. Es handelt sich um ein griechisches Wort *(christós)* mit einer lateinischen Endung *(-anus)*. Die Bezeichnung wurde zweifellos von jemandem gebildet, der Griechisch und Latein sprach. Der römische Historiker Tacitus verwendet das Wort um 110/120 in seinem Bericht über den großen Brand, der im Jahr 64 in der Stadt Rom wütete. Damals beschuldigte Kaiser Nero «jene Leute, die das Volk wegen ihrer Schandtaten hasste und mit dem Namen Chrestianer *(chrestiani)* belegte. Dieser Name stammt von Christus, der unter (Kaiser) Tiberius vom Prokurator Pontius Pilatus hingerichtet worden war» (Tacitus, *Annalen* XV, 44).

Im Neuen Testament gibt es keine feste Bezeichnung für die christliche Bewegung. Die Apostelgeschichte sagt «die Gläubigen», «die Jünger», «die Gemeinde», «der Weg», «die Partei (Sekte, Bewegung) der Nazoräer». «Christianer» ist nur dreimal in der Bibel belegt (Apostelgeschichte 11,26; 26,28; 1 Petrus 4,16). Üblich geworden ist die Bezeichnung «die Christianer» – die Christen, wie wir heute sagen – erst im 4. Jahrhundert.

97. Was bedeutet das Wort «Evangelium»? Das griechische Wort Evangelium bedeutet «gute Botschaft, gute Nachricht». Es ist zu einem Wort der christlichen Sondersprache geworden. Im Neuen Testament meint es: (1) die von Jesus und seinen Anhängern verbreitete gute Botschaft von der Nähe Gottes und des Gottesreiches; (2) die von Paulus und seinen Anhängern verkündete Botschaft von der Auferweckung Jesu durch Gott; und (3) die Erzählung und schriftliche Darstellung von Leben und Lehre Jesu.

Warum werden Jesuserzählungen als «Evangelien» bezeichnet? Biographische Literatur war in der antiken Welt verbreitet, doch kein Werk trägt den Titel «Evangelium». Die Autobiographie des Juden Flavius Josephus (36–100) ist unter dem Titel *Leben des Josephus* überliefert, Philon von Alexandrien (20 v. – 50 n. Chr.) schrieb eine

Lebensgeschichte des Mose unter dem Titel *Über das Leben des Mose.* Warum trägt keine der vier neutestamentlichen Biographien Jesu einen vergleichbaren Titel, etwa *Über Jesus* oder *Leben Jesu?* Ursprünglich hatte wohl jede der vier Biographien Jesu einen eigenen Titel. Als die vier Bücher zusammengestellt wurden, gab man ihnen eine einheitliche Überschrift: Evangelium – *nach Matthäus, nach Markus, nach Lukas, nach Johannes.*

98. Kommt das Wort «Kirche» in der Bibel vor? Die christlichen Gemeinden hätten ihre Gruppe «Synagoge» (Versammlung) nennen können, denn dieses griechische Wort bezeichnete zur Zeit des frühen Christentums die jüdische Ortsgemeinde. Da das Wort Synagoge jüdisch besetzt war, wählten sie ein anderes griechisches Wort: *ekklêsía,* das ebenfalls «Versammlung» bedeutet. Das Wort *ekklêsía* kommt im Neuen Testament oft vor. In den deutschen Bibelübersetzungen finden wir zwei verschiedene Wiedergaben: Gemeinde und Kirche. Ein Beispiel (Matthäus 16,18) ist Jesu Gründungswort an Petrus:

> «Du bist Petrus, und auf diesen Felsen will ich meine Gemeinde bauen.» – Luther
> «Du bist Petrus, und auf diesen Felsen werde ich meine Kirche bauen.» – Einheitsübersetzung

In der Lutherbibel heißt es grundsätzlich «Gemeinde» und niemals «Kirche»; katholische Übersetzungen haben früher immer das Wort «Kirche» und nie das Wort «Gemeinde» gebraucht. Neuere Übersetzungen wie die Zürcher Bibel und die Einheitsübersetzung sagen «Kirche», wenn die Gesamtheit aller Gläubigen gemeint ist; dagegen wählen sie «Gemeinde» für die Ortsgemeinde. Das Wort «Kirche» ist ein Lehnwort; griechisch sprechende Christen haben es in nachbiblischer Zeit gebildet; *kyriakê* bedeutet «Herren(gemeinde)», abgeleitet von *kyrios* «der Herr (Jesus Christus)». Im Neuen Testament ist mit Kirche immer eine Menschengruppe gemeint, nie ein Versammlungsgebäude.

99. Was ist ein Apostel? Das griechische Wort «Apostel» bedeutet «Gesandter, Botschafter». Es dient als Ehrentitel der Mitglieder des Zwölferkreises der Gefährten Jesu, seiner «Jünger» oder «Schüler». Zu diesem Kreis gehören Petrus und Judas sowie zehn weitere Personen. Durch das Ausscheiden des Verräters Judas bedingt, kam es zu einer Nachwahl: durch Los wurde Matthias zum 12. Apostel bestimmt (Apostelgeschichte 1,15–26). Außerhalb des Zwölferkreises hat auch Paulus den Aposteltitel beansprucht, obwohl er – anders als Matthias und die Mitglieder des alten Zwölferkreises – Jesus nicht persönlich gekannt hat.

Wer hat den Begriff «Apostel» eingeführt und was bedeutet er genau? Anders als es die Evangelien nahelegen, hat nicht Jesus selbst den Titel eingeführt; er ist nach Jesu Tod unter den griechisch sprechenden frühen Gläubigen entstanden. Sie bezeichneten als Apostel alle, die Jesu Lebensweise nachahmten. Ehelos oder als verheiratetes Paar (Beispiel: Andronikos und Junia, Römer 16,7) gingen Apostel auf Wanderschaft oder lebten fern ihrer ursprünglichen Heimat. Sie kümmerten sich nicht um Familie und Berufsarbeit; sie widmeten sich allein der Verbreitung der Lehre Jesu. Gegen Ende des 1. Jahrhunderts dürfte es nur noch wenige gegeben haben, die ein solches Wanderleben führten. Mit dem Ende des wandernden Lebensstils endete auch das Zeitalter der Apostel. Die christliche Bewegung wurde im 2. Jahrhundert nicht mehr durch reisende Apostel geleitet, sondern durch sesshafte Gemeindeälteste (Presbyter), und seit dem 3. Jahrhundert durch «Aufseher» (*episkopoi* = Bischöfe).

100. Was bedeuten die Wörter «Glaube» und «glauben»? Wer Christ ist, «glaubt»; das Glauben oder Gläubigsein ist sein hervorstechendstes Kennzeichen. Die griechischen Wörter *pistis* und *pisteuein*, die seit dem gotischen Bischof Ulfila (4. Jahrhundert) mit «Glaube» und «glauben» übersetzt werden, gehören bereits bei Paulus und im Johannes-Evangelium – und bis heute – zur christlichen Sondersprache, die nur von Insidern voll verstanden wird. Wenn wir den Weg eines Heiden verfolgen, der sich dem Christentum anschließt, können wir die Wandlung eines «Ungläubigen» zum «Gläubigen» beobachten und gleichzeitig die Besonderheiten der christlichen Sprache studieren. Der Weg unseres Heiden – nennen wir ihn Andreas – vollzieht sich in zwei Schritten. Der erste Schritt ist die Bekehrung von den heidnischen Göttern zum wahren Gott. Andreas, so sagt man nun, glaube an Gott; er gehört zu den Gläubigen. Wer an Gott glaubt, unterwirft sich ihm, um ihm zu dienen; er tritt in den Dienst Gottes und gehört nun zur Gemeinde oder Familie Gottes (1 Thessalonicher 1,7–10). Er ist mit seinem neuen Herrn eng verbunden, indem er ihm Respekt, Ehrfurcht und sogar Liebe entgegenbringt. Er darf sich bei Gott – im Sinne der persönlichen Frömmigkeit *(s. Frage 72)* – geborgen und beschützt fühlen. Als Gläubiger muss Andreas zwar bestimmte göttliche Gebote beachten, die in den Zehn Geboten niedergelegt sind; doch nicht die Einhaltung der Gebote macht sein Gläubigsein aus; dieses besteht in erster Linie in der Unterwerfung unter Gott und im Vertrauensverhältnis zwischen ihm und Gott, das sich nun entspinnt. Tatsächlich bedeutet das althochdeutsche Wort *gilouben* «sich etwas lieb machen»; «glauben» trifft den biblischen Sachverhalt gut.

Der zweite Schritt ist die Entgegennahme von Belehrung, genauer: das Erlernen einer Lehre, die mit dem Gott der Christen verbunden ist (Römer 10,9–10). Diese Lehre macht Aussagen über das vergangene und künftige Handeln Gottes und Jesu: Gott hat die Welt erschaffen; er hat Jesus von den Toten auferweckt; Jesus wird zum Gericht wiederkommen, das Gott über die Welt halten wird; im Gericht wird Jesus für seine Anhänger eintreten. All das ist Gegenstand des Glaubens im Sinne von «Überzeugtsein von Dingen, die man nicht sieht» (Hebräer 11,1–2). Der heutige Sprachgebrauch orientiert sich vor allem an diesem zweiten Schritt, der Belehrung, so dass der Glaube im Akzeptieren der Lehre besteht. Die Schriften des Neuen Testaments setzen die Akzente anders: Die emotionale Seite des Glaubens («erster Schritt») wird höher bewertet als die intellektuelle Seite («zweiter Schritt»).

Die letzte Frage

101. Welche Bedeutung hat die Bibel heute? In der Zeit zwischen etwa 200 und 600 n. Chr., der Zeit der Kirchenväter, machte die geistige Elite der westlichen Welt das Christentum zur Buchreligion und die Bibel zum Grundbuch der abendländischen Kultur. Luthers Bibelübersetzung hat die deutsche Sprache geprägt. Bis ins 19. Jahrhundert blieben Altes und Neues Testament die Grundlage von Religion, Ethik, Erziehung, Literatur und bildender Kunst. Diese umfassende Bedeutung ist der Bibel verloren gegangen, als sich eine auf weltlichem – und nicht mehr religiösem – Wissen beruhende Kultur in der westlichen Welt durchsetzte. Doch auch in unserer säkularisierten, multireligiösen und multikulturellen Gesellschaft behält die Bibel ihre Bedeutung: Für Gläubige bleibt sie die grundlegende religiöse Urkunde, für alle ist sie ein großes Dokument der Kulturgeschichte der Menschheit.

Der Kirche wie der Synagoge gilt die Bibel als Buch der Heilsgeschichte, d. h. der Geschichte Gottes mit den Menschen. Aus ihr wird im Gottesdienst vorgelesen. Über biblische Texte und Themen wird gepredigt. Der Religionsunterricht dient der Erschließung der Bibel. Die Theologie schöpft aus der Bibel als ihrer wichtigsten Quelle. In der frühen Neuzeit haben bürgerliche, nicht-theologische Leser die Bibel erobert; sie nutzen sie als Erbauungsbuch. Bis heute greifen viele Gläubige häufig oder sogar täglich zur Bibel, vor allem zu den Psalmen; ihre Lektüre stärkt den Glauben an Gott, leitet dazu an, seinen Willen zu erkennen und die Spuren göttlicher Führung im Leben wahrzunehmen. Die Bibel im Hotelzimmer will zu erbaulicher Schriftlesung auch Menschen einladen, die keine Bibel mit sich führen.

Als Dokument der Kulturgeschichte erinnert die Bibel an die «Achsenzeit» der Menschheitsgeschichte, das lange 1. Jahrtausend v. Chr., in dem das noch heute gültige philosophische, politische, religiöse und ethische Bewusstsein der Menschheit entstand, das sich in «maßgebenden Menschen» (Karl Jaspers) wie Konfuzius, Buddha, Sokrates, Israels Propheten und Jesus verkörpert. Dieses Bewusstsein spiegelt sich besonders in biblischen Schriften wie Genesis, Exodus, Hiob, Hoheslied, Psalmen, Evangelien und Johannes-Offenbarung, die in der Weltliteratur ein starkes Echo gefunden haben. Sie gehören zum Kanon literarischer Bildung. Auch in der Gegenwart kann es keine kulturelle Kompetenz ohne Bibelkenntnis geben. Das Magazin *Die Dame* fragte den Schriftsteller Bertolt Brecht 1928: «Welches Buch hat Ihnen in Ihrem Leben den stärksten Eindruck gemacht?» Darauf der keineswegs fromme Brecht: «Sie werden lachen: die Bibel.»

Die Schriften der Bibel

Die Schriften der Bibel sind nachstehend mit kurzer Inhaltsangabe aufgeführt. Die mit Sternchen (*) versehenen Bücher gelten in protestantischer Tradition als «apokryphe Schriften», die nicht zum Kern der Bibel gehören; in vielen Bibelausgaben sind sie nicht enthalten.

Altes Testament

Pentateuch

Genesis (1. Buch Mose). Mythos und Sage. Auf den Bericht über die Erschaffung von Erde und Mensch folgen Erzählungen über die frühe Geschichte der Menschheit. Adam und Eva sündigen im Paradies und werden aus Gottes Garten verbannt; von ihnen stammen alle Menschen ab. Die Familie des Noah überlebt die alles zerstörende Sintflut. Nach dem Turmbau zu Babel werden die Menschen über die Welt zerstreut. Die sich anschließenden Sagen handeln von der Entstehung des Volkes Israel. Erzählt wird von den Erzvätern und Erzmüttern des Volkes: Abraham und Sara, Isaak und Rebekka, Jakob und Rahel. Die 12 Söhne Jakobs, der auch den Namen «Israel» trägt, sind die Stammväter der 12 Stämme des Volkes Israel. Den Schluss bildet die Josefsnovelle: Der Jakobssohn Josef, von seinen Brüdern verstoßen, wird erster Minister in Ägypten. – Während die Genesis die Entstehung des *Volkes* schildert, geht es in den folgenden Büchern – Exodus bis Deuteronomium – um die Entstehung von Israels *Religion*.

Exodus (2. Buch Mose). Sage. Die zur Zeit Josefs nach Ägypten ausgewanderten Israeliten müssen dem fremden Staat Frondienst leisten. Von Gott dazu berufen, führt Mose die Israeliten aus Ägypten und erhält auf dem Berg Sinai die Zehn Gebote und andere Bestimmungen als göttliches Gesetz. Der Opferkult soll nach göttlicher Anordnung in einem transportablen Heiligtum, bestehend aus Kultzelt und Altar, vollzogen werden.

Levitikus (3. Buch Mose). Sammlung von Vorschriften für den Opferkult, ergänzt durch eine Liste der unreinen, für den Verzehr verbotenen Tiere. Aaron und dessen Söhne werden zu Priestern geweiht.

Numeri (4. Buch Mose). Sage. Von Gott auf wunderbare Weise ernährt, ziehen die Israeliten durch die Wüste, dem von Gott verheißenen Land Kanaan entgegen. Das Ostjordanland wird seinen künftigen Bewohnern zugewiesen.

Deuteronomium (5. Buch Mose). Sage und Gesetzessammlung. Vor seinem Tod im Ostjordanland fasst Mose das Staats- und Religionsrecht zusammen, das im verheißenen Land gelten soll; dabei werden die Zehn Gebote aufgezählt. Die alleinige Verehrung Jahwes wird eingeschärft.

Erzählende und historische Bücher

Josua (Buch Josua). Sage. Unter Moses Nachfolger, dem Feldherrn Josua, erobern die Israeliten das Westjordanland. Die Stadt Jericho wird ohne Kampf durch ein Wunder zerstört. Das eroberte Land wird unter die Stämme verteilt.

Richter (Buch der Richter, Richterbuch). Sage. Einzelne Helden, Richter genannt, dienen den Stämmen Israels in Kanaan als Heerführer; die Feinde können sie nur dann besiegen, wenn das Volk seinem Gott die Treue hält. Der Riese Simson fordert Israels Nachbarvolk, die Philister, heraus, muss jedoch unterliegen.

Rut (Ruth; Buch Rut). Novelle. Ruth, eine mittellose Ausländerin aus dem Land Moab, findet in Bethlehem freundliche Aufnahme und heiratet den Judäer Boas.

1 Samuel (1. Buch Samuel). Sage. Die beiden Samuelbücher berichten von der Entstehung und Frühgeschichte des Königtums in Israel. – Die Gründergestalt ist der Prophet Samuel, der auf Drängen des Volks Saul zum ersten König Israels einsetzt. Als Saul seinen Höfling David befehdet, tritt dieser in die Dienste der Philister. Saul fällt im Kampf gegen die Philister.

2 Samuel (2. Buch Samuel). Sage. David steigt zum König über Juda und Israel auf, erobert Jerusalem und bringt die Lade Jahwes (einen Kultgegenstand) dorthin. Er lässt Urija ermorden, nachdem ihm dessen Frau Batseba ein Kind geboren hat; dafür wird er vom Propheten Nathan gerügt. Dennoch verheißt der Prophet dem Königtum Davids ewigen Bestand. David setzt sich mit seinem rebellischen Sohn Abschalom auseinander.

1 Könige (1. Buch der Könige). Geschichtsschreibung über einen Zeitraum von ca. 100 Jahren, mit Sage vermischt. David bestimmt Batsebas Sohn Salomo zu seinem Nachfolger. Salomo erbaut einen Tempel in Jerusalem. Nach Salomos Tod kommt es zur Reichsspaltung, so dass es fortan zwei hebräische Königreiche gibt: Juda im Süden, Israel im Norden. Im Nordreich Israel tritt der Prophet Elija als Wundertäter und Kämpfer gegen den von Isebel, Gattin des Königs Ahab, unterstützten Baalskult auf.

2 Könige (2. Buch der Könige). Geschichtsschreibung über einen Zeitraum von ca. 300 Jahren, mit Sage vermischt. Erzählt wird das Schicksal des Nord- und des Südreiches. Nachdem der Prophet Elija seinen Schüler Elischa zu seinem Nachfolger eingesetzt hat, wird er in den Himmel entrückt. Von den Assyrern bedrängt, endet das Nordreich. In Jerusalem führt König Joschija eine Reinigung des Tempels von heidnischem Kult durch, kann damit aber den Ansturm der Babylonier nicht aufhalten. König Nebukadnezzar erobert Jerusalem und verschleppt zahlreiche Judäer nach Babylonien (Babylonische Gefangenschaft), wo der letzte Jerusalemer König nach langer Zeit eine Ehrenstellung am Hof bekommt.

1 Chronik (1. Buch der Chronik). Sage. Stammbäume von Adam bis zu den Stämmen Israels der Königszeit. Bericht über die ersten Könige: Saul und David.

2 Chronik (2. Buch der Chronik). Geschichtsschreibung. Bericht über die Könige Judas von Salomo bis zur Zerstörung Jerusalems und seines Tempels durch die Babylonier. Der Perserkönig Kyros erlaubt den nach Babylon Verschleppten, nach Jerusalem zurückzukehren.

Esra (Buch Esra). Historische Fiktion. Rückkehr aus der Babylonischen Gefangenschaft, Wiederaufbau des Jerusalemer Tempels. Esra, ein in Babylonien lebender gelehrter Priester, besucht die Jerusalemer Gemeinde, um dort Mischehen zwischen jüdischen Männern und nichtjüdischen Frauen zu verhindern.

Nehemia (Buch Nehemia). Autobiographie. Der am Hof des persischen Königs tätige Jude Nehemia lässt sich beurlauben, um in Jerusalem als Gouverneur zu wirken. Er lässt die Stadt mit einer Mauer befestigen. Am Laubhüttenfest (einem Erntefest im Herbst) wird ein Wortgottesdienst gefeiert, bei dem der Priester Esra aus dem Gesetzbuch des Mose vorliest.

Ester (Esther; Buch Ester). Novelle. Die in der persischen Hauptstadt Susa lebende schöne Jüdin Ester kommt in den Harem des Perserkönigs, um dort zu dessen Hauptfrau aufzusteigen. Erfolgreich setzt sie sich für ihr im Perserreich angefeindetes Volk ein.

Lyrik und Weisheitslehren

Hiob (Ijob; Buch Hiob). Lehrerzählung und Dialog. Hiob, ein reicher Mann, verliert Kinder, Besitz und Gesundheit. Im Gespräch mit Freunden beharrt er darauf, sein Schicksal sei unverdient. Schließlich stellt Gott Hiobs Gesundheit und Besitz wieder her. Weder Hiob noch seine Gesprächspartner sind Juden.

Psalmen (Buch der Psalmen). Sammlung von 150 Gedichten und Liedern mit religiöser Thematik: die Geborgenheit des einzelnen Frommen bei seinem Gott, Gottes Walten in der Natur und in der Geschichte des Volkes Israel. Die Sehnsucht nach Rache an den Feinden kommt mehrfach zur Sprache.

Sprichwörter (Sprüche Salomos). Sammlung von belehrenden Reden und Gedichten sowie zahlreichen zweizeiligen Weisheitssprüchen. Das Leben des redlichen, fleißigen, bescheidenen und frommen Menschen glückt, der Böse rennt in sein Unglück. Am Ende steht ein Gedicht über die tüchtige Hausfrau.

Kohelet (Prediger Salomo). Philosophische Aphorismen. Verzichte auf Reichtum und unnötigen Luxus! Genieße das kurze Leben, solange es die Umstände erlauben! Halte dich an die bewährten Weisheitslehren, doch gestatte dir auch ein wenig Torheit!

Das Hohelied. Sammlung von Liebesliedern, die abwechselnd einem jungen Mann und einer jungen Frau in den Mund gelegt werden.

Prophetenbücher und Erzählungen

Jesaja (Buch Jesaja). Prophetenbuch. Der Prophet Jesaja teilt die Botschaften mit, die ihm Jahwe für sein Volk offenbart: Lasst von der Unterdrückung der Armen ab, verfälscht nicht das Recht, sonst bringt Gott Strafe. Angekündigt wird das Auftreten eines idealen Herrschers. In das Buch eingestellt und angehängt sind nichtjesajanische Textstücke: u. a. ein Bericht über die erfolglose Belagerung Jerusalems durch den Assyrerkönig Sennacherib; die Ankündigung, der Perserkönig Kyros werde die nach Babylonien verschleppten Judäer in die Heimat zurückkehren lassen; Lieder, die von einem Mann handeln, der zugunsten des Volkes ein Strafleiden auf sich nimmt (Gottesknechtslieder).

Jeremia (Buch Jeremia). Prophetenbuch mit biographischen und autobiographischen Einlagen. Jeremia wendet sich gegen die Aufstandspolitik der Könige von Jerusalem, die von ihrem babylonischen Oberherrn abfallen. Jeremia gilt als Verräter und leidet unter Anfeindung. Als die Babylonier Jerusalem erobern, wird ihm eine Ehrenstellung in Babylon angeboten; der Prophet lehnt ab.

Klagelieder (Buch der Klagelieder). Vier Gedichte beklagen die Zerstörung Jerusalems durch die Babylonier, ein weiteres beklagt das Schicksal eines Einzelnen (ohne Bezugnahme auf Jerusalem). Gott soll das Schicksal wenden.

Ezechiel (Hesekiel, Buch Ezechiel). Prophetenbuch mit autobiographischen Einlagen. Der nach Babylonien verschleppte Priester Ezechiel wird in einer Vision zum Propheten berufen. Vergeblich warnt er die noch in Jerusalem Lebenden vor einem weiteren Aufstand gegen die Babylonier. In mehreren Visionen sieht er die Erweckung seines Volkes zu neuem Leben und die Wiederherstellung des Jerusalemer Tempels.

Daniel (Buch Daniel). Auf eine Novelle über das wechselvolle Schicksal Daniels, eines am babylonischen Hof lebenden und zum Minister aufsteigenden Juden, folgen mehrere bilderreiche Visionen, die sich auf die politische Bedrängnis des jüdischen Volkes und dessen Ende durch Gottes Eingreifen beziehen.

Hosea (Buch Hosea). Prophetenbuch mit autobiographischem Teil. Im Namen Jahwes kritisiert der Prophet den Abfall des Volkes Israel von der ausschließlichen Verehrung des einen Gottes. Gott wird sein Volk bestrafen, aber sich seiner wieder erbarmen.

Joël (Buch Joel). Prophetenbuch. Eine Heuschreckenplage verwüstet Juda, ein Bittgottesdienst wird gefeiert. Angesagt wird der «Tag Jahwes», an dem Gott Judas Feinde bestraft, während Juda selbst, von der Natur reichlich beschenkt und mit Gottes Geist begabt, in Frieden lebt.

Amos (Buch Amos). Prophetenbuch mit autobiographischer Einlage. Angekündigt wird Gottes Gericht über Israels Feinde, aber auch über das Volk Israel selbst. Der Grund: Alle haben Vergehen auf sich geladen. Die Sünde der israelitischen Oberschicht ist die Ausbeutung der kleinen Leute.

Obadja (Buch Obadja). Prophetenspruch. Den Edomitern, einem Israel feindlichen Nachbarvolk südlich des Toten Meeres, wird Vernichtung angesagt.

Jona (Buch Jona). Novelle. Von Gott berufen, soll Jona der assyrischen Hauptstadt Ninive göttliche Bestrafung ansagen. Er flieht vor der Aufgabe per Schiff, wird ins Meer geworfen, doch von einem Fisch gerettet. Die Bewohner Ninives antworten auf das Wort des Propheten mit Buße, so dass Gottes Strafe ausbleibt – zum Ärger Jonas.

Micha (Buch Micha). Prophetenbuch. Jahwe kündigt Juda Gottes Strafe an; der Grund: Raffgier der Reichen, Unbarmherzigkeit der Gläubiger, Betrug der Kaufleute, Bestechlichkeit der Richter. Jerusalem wird eine große Zukunft verheißen: Alle Völker werden dorthin pilgern.

Nahum (Buch Nahum). Prophetenbuch, eröffnet durch einen Psalm. Ninive, Hauptstadt des grausamen assyrischen Imperiums, hat Blutschuld auf sich geladen; ihr wird der Untergang angekündigt.

Habakuk (Buch Habakuk). Prophetenbuch. Habakuk kündigt Judas Feinden – den Assyrern oder Babyloniern – den Untergang an, den Judäern aber Heil, obwohl sie nicht ohne Sünde sind.

Zefanja (Buch Zefanja). Prophetenbuch. Ankündigung des «Tages Jahwes», einer Katastrophe, die als Strafgericht über die Völker ebenso wie über Juda kommen soll.

Haggai (Buch Haggai). Prophetenbuch. Nach dem Ende der Babylonischen Gefangenschaft sind die Judäer nach Jerusalem zurückgekehrt. Solange sie den Tempelbau nicht in Angriff nehmen, geht es ihnen schlecht. Der Prophet findet Gehör: Es kommt zur Grundsteinlegung des Baus.

Sacharja (Buch Sacharja). Prophetenbuch. In einer Folge von acht Visionen schaut der Prophet die glückliche Zukunft Jerusalems und der Heimkehrer von der Babylonischen Gefangenschaft. In einer Vision erlebt der Prophet, wie der Hohepriester Jeschua, der den neuen Tempel verwaltet, seine Amtskleidung von Engeln im Himmel erhält. Angehängt sind prophetische Verheißungen: Ein König aus dem Geschlecht Davids soll über ein Friedensreich herrschen.

Maleachi (Buch Maleachi). Prophetenbuch. Dem Volk werden seine Sünden vorgehalten: Priester bringen blinde und lahme Tiere als Opfer dar, eheliche Treue wird verletzt. Die Bösen werden vernichtet. Ein Nachwort verheißt das Auftreten eines Propheten wie Elija, der in den Familien Frieden stiften wird, bevor Gottes Strafgericht kommt.

Spätschriften des Alten Testaments
(Apokryphen, deuterokanonische Schriften)

*Tobit (Buch Tobit). Abenteuernovelle. Der junge Jude Tobias reist von Ninive (im Zweistromland), wo seine Eltern leben, nach Ekbatana (in Medien), um bei Verwandten Geld einzutreiben, das diese seinen Eltern schulden. Begleitet wird er vom Engel Rafaël.

Judith (Judit; Buch Judit). Novelle. Judith, eine schöne jüdische Witwe, lebt in der Stadt Betulja in Palästina. Als die Stadt von dem assyrischen Feldherrn Holofernes belagert wird, geht Judith ins Lager des Feindes und erschlägt Holofernes.

1 Makkabäer (1. Buch der Makkabäer). Geschichtsschreibung über einen Zeitraum von 40 Jahren. Antiochus IV., der griechisch sprechende König von Syrien und Palästina, bringt heidnische Kulte ins Land. Dagegen kommt es zum erfolgreichen jüdischen Aufstand unter dem Anführer Judas Makkabäus.

2 Makkabäer (2. Buch der Makkabäer). Erbauliche Geschichtsschreibung über die ersten 15 Jahre des jüdischen Aufstands gegen die syrische Herrschaft. Eine legendäre Einlage berichtet von Heliodor, der den Jerusalemer Tempelschatz rauben will, doch im Tempel von Engeln niedergeschlagen wird. Legenden über fromme Märtyrer belegen: Wer für seinen jüdischen Glauben stirbt, hofft auf Auferstehung und neues Leben.

Baruch (Buch Baruch). Lehr- und Gebetstexte, die von den verbannten Juden in Babylonien nach Jerusalem geschickt werden: Gebet der nach Babylonien Verbannten, Gedicht über Israels Weisheit, Klage der Stadt Jerusalem mit Ausblick auf das Glück der wiederhergestellten Stadt.

Brief Jeremias (= Baruch 6). Lehrschreiben. Jeremia warnt die nach Babylonien verschleppten Judäer vor der Verehrung heidnischer Götterbilder.

Susanna (= Daniel 13). Novelle. Die schöne Susanna wird beim Bad von zwei Männern bedrängt, wehrt sich und wird von den Männern zu Unrecht der Unzucht mit einem jungen Mann angeklagt. Daniel klärt den Fall auf.

Bel und der Drache (= Daniel 14). Novellen-Episoden. In einem Tempel verschwindet jede Nacht die Speise, die dem Gott Bel vorgesetzt wird; Daniel klärt den Priesterbetrug auf. Daniel tötet einen Drachen, der göttlich verehrt wurde. In eine Löwengrube geworfen, wird Daniel durch den von einem Engel herbeigeführten Propheten Habakuk mit Speise versorgt.

Buch der Weisheit (Weisheit Salomos). Weisheitsschrift. Die von Gott den Frommen geschenkte Weisheit bewahrt diese nicht vor der Anfeindung durch gottlose Menschen, doch sie sichert ihnen ewiges Leben. Das war bei allen Weisen so, von Adam angefangen, besonders aber bei Mose.

Jesus Sirach (Ben Sira). Sammlung von belehrenden Gedichten und Spruchfolgen eines Lehrers, der das Schicksal guter und törichter Menschen beschreibt. Die empfohlene Weisheit entspricht dem Gesetz, das Gott den Juden gegeben hat.

Neues Testament

Evangelien (Jesus-Biographien)

Matthäus (Evangelium nach Matthäus). Biographie. Berichtet wird von Geburt, Wirken, Lehre, Tod und Auferstehung Jesu. Josef wird von der zu frühen

Schwangerschaft seiner Frau Maria überrascht, trennt sich aber nicht von ihr. Jesus wird in Bethlehem geboren; ihm huldigen Sterndeuter. Der jüdische Prediger Johannes der Täufer tauft Jesus. Nach einer Zeit des Rückzugs beruft Jesus Jünger, lehrt das Volk und heilt Kranke. Seine Lehre wird in der Bergpredigt und im Vaterunser-Gebet zusammengefasst. In Gleichnissen wird das Himmelreich veranschaulicht. In Jerusalem zieht sich Jesus die Feindschaft des Hohenpriesters Kajaphas zu. Eine Miliz nimmt Jesus fest; der Hohepriester lässt Jesus durch den römischen Statthalter Pontius Pilatus verurteilen und ans Kreuz schlagen. Als Maria Magdalena das Grab Jesu besucht, erklärt ihr ein Engel, Jesus sei auferstanden. In Galiläa erscheint Jesus seinen Jüngern.

Markus (Evangelium nach Markus). Biographie. Berichtet wird von Wirken, Lehre, Tod und Auferstehung Jesu. Johannes der Täufer, der in der Wüste die Menschen zur Umkehr ruft, kündigt einen Größeren an – Jesus, den er tauft und der nach seiner Gefangennahme sein Werk fortführt. Jesus beruft Jünger, heilt Kranke, erzählt Gleichnisse, führt Streitgespräche und sagt seinen Anhängern eine Zeit der Verfolgung voraus. Auf Geheiß des römischen Statthalters wird Jesus gekreuzigt. Zwei Tage nach Jesu Tod finden Frauen Jesu leeres Grab; ein Engel sagt, der Tote sei auferstanden.

Lukas (Evangelium nach Lukas). Biographie. Berichtet wird von Geburt, Wirken, Lehre, Tod, Auferstehung und Himmelfahrt Jesu. Jesus wird als Verwandter Johannes' des Täufers eingeführt; die Geburt beider wird von einem Engel angekündigt. Jesus wird in Bethlehem in einem Stall geboren. Johannes predigt und tauft, wird jedoch von Herodes ins Gefängnis geworfen. Jesus predigt, erzählt Gleichnisse, heilt Kranke, vergibt Sünden, beruft Jünger und erkennt Johannes als den größten aller Menschen an. In Jerusalem wird Jesus festgenommen und vom römischen Statthalter gekreuzigt. Frauen finden Jesu leeres Grab, ein Engel sagt, der Tote sei auferstanden. Der Auferstandene erscheint seinen Jüngern zweimal, um schließlich in der Nähe von Jerusalem zum Himmel aufzufahren.

Johannes (Evangelium nach Johannes). Biographie. Berichtet wird von Wirken, Lehre, Tod und Auferstehung Jesu. Vorangestellt ist ein Gedicht über die Menschwerdung des göttlichen Logos. Johannes der Täufer trifft Jesus und nennt ihn Sohn Gottes. Jesus beruft Jünger, vertreibt Händler aus dem Jerusalemer Tempel, führt ein nächtliches Gespräch mit dem Pharisäer Nikodemus, heilt Kranke und tut weitere Wunder, belehrt seine Jünger in Abschiedsreden, um dann von einer Miliz gefangen genommen zu werden. Auf Drängen des Volks lässt ihn der römische Statthalter Pontius Pilatus kreuzigen. Maria Magdalena findet Jesu leeres Grab; ihr begegnet der Auferstandene, der daraufhin auch seinen Jüngern erscheint und mit ihnen in Galiläa spricht und speist.

Historische Schrift

Apostelgeschichte. Teils Roman, teils Geschichtsschreibung. Nach einem Bericht über Jesu Himmelfahrt wird die Geschichte der frühen Kirche und ihrer führenden Vertreter – Petrus und Paulus – erzählt. In Jerusalem wird Gottes Geist über die Apostel Jesu ausgegossen. Obwohl von jüdischen Behörden verfolgt und gedemütigt, breitet sich die Kirche aus. Paulus, ursprünglich Verfolger der Christen, erlebt eine Bekehrung und unternimmt mehrere Missionsreisen, die ihn bis nach Athen führen. Schließlich wird er in Jerusalem festgenommen, um nach Rom überstellt zu werden, wo er seinen Prozess erwartet.

Paulusbriefe

Römer (Brief an die Römer, Römerbrief). Theologische Abhandlung in Briefform. Paulus stellt die «Rechtfertigungslehre» als Hauptstück christlicher Lehre vor: Alle Menschen sind vor Gott Sünder und nicht Gerechte. Göttlichem Zorn verfallen, müssen sie sterben. Nur Gott selbst kann die Macht der Sünde brechen, und dies hat er getan: Er hat Jesus Christus dazu bestimmt, Sühne für alle Sünden der Welt zu leisten. Gerecht wird, wer an Jesus als den Sohn Gottes glaubt und ein neues Leben beginnt.

1 Korinther (1. Brief an die Korinther, 1. Korintherbrief). Brief. Paulus beantwortet Fragen zur Ordnung der christlichen Gemeinde. Geregelt wird, wer Mitglied werden darf und wie man sich bei der regelmäßigen Gemeindeversammlung zu verhalten habe. Frauen werden zum Schweigen ermahnt.

2 Korinther (2. Brief an die Korinther, 2. Korintherbrief). Brief. Paulus verteidigt sein Apostelamt und bereitet das Einsammeln einer Geldspende für die bedürftigen Jerusalemer Christen vor. Er setzt sich mit christlichen Missionaren auseinander, die unangemessenen Einfluss auf die Gemeinde gewinnen.

Galater (Brief an die Galater, Galaterbrief). Brief. In von Paulus gegründeten Gemeinden in Galatien (Kleinasien) wird die von Paulus abweichende Meinung vertreten, jeder Christ müsse sich an die Forderungen des jüdischen Gesetzes halten. Gegen diese Meinung verteidigt Paulus seinen liberalen Standpunkt.

Epheser (Brief an die Epheser, Epheserbrief). Theologischer Lehrbrief. Der Sühnetod Christi hat nicht nur zwischen Gott und den Menschen Gemeinschaft gestiftet, sondern auch zwischen Juden und Heiden, die in der einen Kirche als Bau Gottes zusammengefügt sind. Die Gläubigen bilden als «Leib Christi» eine organische Einheit.

Philipper (Brief an die Philipper, Philipperbrief). Brief. Paulus ermahnt zu Demut und Nächstenliebe: Die Gläubigen sollen untereinander dieselbe Gesinnung hegen wie Christus, der als Gottmensch Anrecht auf göttliche Ehren hatte, aber zum Diener aller wurde. Vor Irrlehrern wird gewarnt.

Kolosser (Brief an die Kolosser, Kolosserbrief). Lehrschreiben. Christus, der Herrscher über den gesamten Kosmos, hat die menschliches Schicksal beherrschenden Geister besiegt. Die Gesamtheit der Gläubigen bildet einen einzigen Leib, dessen Haupt Christus selbst ist. Mitgeteilt werden Verhaltensregeln über das Verhältnis von Mann und Frau, Eltern und Kindern, Herren und Sklaven («Haustafel»).

1 Thessalonicher (1. Brief an die Thessalonicher, 1. Thessalonicherbrief). Brief. Das göttliche Zornesgericht über die Welt steht nahe bevor. Nur wer an Gott glaubt und «fest in der Gemeinschaft mit dem Herrn» Jesus Christus steht, wird der Verurteilung entkommen. Es ist unnötig, sich wegen bereits verstorbener Gemeindemitglieder Sorgen zu machen: Die Auferweckung Jesu durch Gott garantiert die Teilhabe der verstorbenen Gläubigen am Triumph Christi.

2 Thessalonicher (2. Brief an die Thessalonicher, 2. Thessalonicherbrief). Brief. Die Wiederkunft Christi steht nicht nahe bevor, wie manche behaupten. Vor der Wiederkunft müssen noch bestimmte «Zeichen» eintreten: das Auftreten eines (nicht näher bestimmten, den Lesern vielleicht bekannten) Widersachers der Christen, verbunden mit dem Abfall vieler vom Glauben.

1 Timotheus (1. Timotheusbrief, 1. Brief an Timotheus; Aussprache: ti-mo-te-us). Lehrschreiben in Briefform. Angeleitet durch eine Darlegung der kirchlichen Ämter-, Lehr- und Lebensordnung soll sich Timotheus, ein Mitarbeiter des Paulus, als Vorsteher («Bischof») um die Gemeinde in Ephesus kümmern. Ihm stehen «Diakone» zur Seite.

2 Timotheus (2. Timotheusbrief, 2. Brief an Timotheus). Testament in Briefform. Paulus sieht dem Märtyrertod entgegen und vertraut seinem Schüler Timotheus sein Erbe an.

Titus (Titusbrief, Brief an Titus). Lehrschreiben in Briefform. Der Paulusschüler Titus soll in den Gemeinden «Älteste» als «Vorsteher» (Bischöfe) einsetzen. Diese sollen gegen Irrlehrer tätig werden und die Gläubigen zu einem ehrbaren Leben anhalten. Alle sollen den staatlichen Behörden Gehorsam leisten.

Philemon (Philemonbrief, Brief an Philemon). Brief. Ein Sklave hat Streit mit seinem christlichen Herrn. Paulus, den Onesimus aufsucht, schickt ihn zu seinem Herrn zurück mit einem Begleitbrief: Der Besitzer möge ihn gnädig aufnehmen.

Weitere Briefe

Hebräer (Hebräerbrief, Brief an die Hebräer). Theologische Abhandlung über zwei Themen: das Priestertum Christi und die Bestimmung dessen, was unter «Glauben» zu verstehen sei.

Jakobus (Jakobusbrief, Brief des Jakobus). Aphorismen. Die Christen in aller Welt gewidmete Sammlung lebenspraktischer Anweisungen schlägt ein

Programm frommer Selbsterziehung vor und macht mancherlei Vorschläge für sittliches und religiöses Handeln.

1 Petrus (1. Petrusbrief, 1. Brief des Petrus). Ermahnung in Form eines Briefes. Die Gläubigen sollen wie Jesus Prüfungen und Leiden geduldig ertragen. Dem Bösen sollen sie nur Gutes entgegensetzen. Jeder Obrigkeit schulden die Gläubigen Gehorsam – in Familie, religiöser Gemeinde und Staat.

2 Petrus (2. Petrusbrief, 2. Brief des Petrus). Ermahnung und Belehrung in Form eines Briefes. Bleibt dem Glauben treu, fallt nicht auf Irrlehrer herein, seid beständig im frommen Lebenswandel, bald kommt Christus wieder. Dann wird die jetzige Welt zerstört, und ein neuer Himmel und eine neue Erde werden erschaffen.

1 Johannes (1. Johannesbrief, 1. Brief des Johannes). Ermahnungsschrift. Dem Teufel verfallen sind jene, welche die christliche Gemeinde verlassen haben. Unter denen, die zur Gemeinde gehören, soll gegenseitige Liebe herrschen.

2 Johannes (2. Johannesbrief, 2. Brief des Johannes). Brief. Der Autor warnt vor Irrlehrern und kündigt seinen Besuch der Gemeinde an, der er schreibt.

3 Johannes (3. Johannesbrief, 3. Brief des Johannes). Brief. Der Autor sendet Grüße an einen Mann namens Gaius. Erwähnt wird ein gewisser Diothrephes; dieser vom Briefschreiber abgelehnte Mann will Leiter einer Gemeinde sein.

Judas (Judasbrief, Brief des Judas). Lehrschreiben in Briefform. Irrlehrer, die Christi göttliche Würde leugnen und sich sittlich verfehlen, werden dem göttlichen Strafgericht verfallen.

Prophetische Schrift

Offenbarung (Offenbarung des Johannes, Geheime Offenbarung, Apokalypse). Offenbarungsbuch. Johannes schildert die Zukunft in mehreren Visionen: Christus schickt schlimme Plagen auf die Erde, denen nur die Gläubigen entkommen; ein wütender Drache verfolgt das messianische Kind und bezwingt die Gläubigen; ein göttliches Strafgericht zerstört die Stadt Babylon (gemeint ist Jerusalem); Satan, seinem Verließ entsteigend, wütet auf der Erde, doch werden seine Anhänger durch Feuer vernichtet, das vom Himmel fällt. Auf diesen Sieg folgt das Weltgericht, das die Bösen vernichtet, die Gläubigen jedoch in das neue Jerusalem einziehen lässt, eine Stadt aus Gold, in der Gott und Christus herrschen.

Zeittafel

um 1200 v. Chr.	Auszug der Israeliten aus Ägypten? Mose?
1000–931	Anfänge des Staates? Könige Saul, David, Salomo?
931?	Zwei hebräische Staaten: Nordreich Israel, Südreich Juda
926	Pharao Schischak (Scheschonk) erobert das Südreich, plündert Jerusalem.
728–699	König Hiskija von Juda; Prophet Jesaja
722	Assyrer erobern das Nordreich, Ende des Königreichs Israel.
641–609	König Joschija von Juda
ca. 623	Joschijas Kultreform etabliert die Alleinverehrung Jahwes; Anfänge des Buchs Deuteronomium
597	König Nebukadnezzar von Babylon erobert Jerusalem, verschleppt König Jojachin; Beginn der Babylonischen Gefangenschaft; Prophet Jeremia
586	(oder 587) Babylonier zerstören Jerusalem; Ende des Königreichs Juda
561	König Ewil-Merodach von Babylon befreit Ex-König Jojachin aus der Haft.
539	König Kyrus von Persien erobert Babylonien; Prophet Deuterojesaja; Ende der Babylonischen Gefangenschaft
ca. 500/400?	Buch Genesis, Buch Hiob
465–424	König Artaxerxes von Persien; Esra und Nehemia wirken in Jerusalem.
167–164	Antiochus IV. Epiphanes, seleukidischer König von Syrien und Herr über Palästina, reformiert den Kult in Jerusalem und erfährt erbitterten jüdischen Widerstand; Buch Daniel
ca. 140	Ende der Seleukidenherrschaft über Palästina; das Land wird von den Hasmonäern (Makkabäern) verwaltet.
ca. 100	Altes Testament als Büchersammlung abgeschlossen
63	Der römische Feldherr Pompeius erobert Palästina.
37–4	Herodes der Große ist König von Palästina, abhängig von Rom.
ca. 4?	Jesus wird in Galiläa geboren.
4 v.–39 n. Chr.	Herodes Antipas ist jüdischer Tetrarch über Galiläa und Landesherr Jesu.
26–36	Pontius Pilatus ist Statthalter der römischen Provinz Judäa.
27	Johannes der Täufer und Jesus treten auf, Herodes Antipas lässt den Täufer töten.

ca. 30	Kreuzigung Jesu in Jerusalem unter dem römischen Präfekten Pontius Pilatus
ca. 34	Kurz nach dem Tod Jesu wird Paulus Christ.
39–44	Herodes Agrippa, Gegner der Christen, ist jüdischer Herrscher über Galiläa, ab 41 auch über Samarien und Judäa.
ca. 41/44	Herodes Agrippa lässt den Apostel Jakobus töten.
ca. 50–57	Briefe des Paulus
62	Jakobus (Bruder Jesu, Haupt der Jerusalemer Gemeinde) wird hingerichtet.
66–70	Der jüdische Aufstand gegen römische Herrschaft endet mit der Zerstörung Jerusalems.
ca. 70	Markus-Evangelium
ca. 80/135?	Matthäus-Evangelium, Johannes-Evangelium; Lukas schreibt die Apostelgeschichte und das Lukas-Evangelium.
ca. 200	Neues Testament als Büchersammlung abgeschlossen

Glossar

Altes Testament – Traditionelle christliche Bezeichnung für die Sammlung der heiligen Schriften des Judentums; auch «Hebräische Bibel» genannt. Dazu gehören Pentateuch, Geschichtserzählungen (Josua, Richter, 1–2 Samuel, 1–2 Könige), vier Prophetenbücher (Jesaja, Jeremia, Ezechiel, Zwölfprophetenbuch) sowie zwölf weitere Schriften (1–2 Chronik, Esra, Nehemia, Psalmen, Klagelieder, Hoheslied, Sprichwörter, Hiob, Kohelet, Rut, Esther, Daniel).

Apostel – Mitglied eines engen, um Jesus entstandenen Schülerkreises. Dieser umfasst zwölf Mitglieder, doch auch Paulus beansprucht den Titel für sich. Das Wort bedeutet «Gesandter».

Baal – Vorderasiatischer Gott des Regens und der Fruchtbarkeit, in der Bibel Inbegriff der vom Monotheismus abgelehnten «Götzen».

Babylonische Gefangenschaft – Die Zeit der Verschleppung zahlreicher Judäer aus ihrer Heimat in Palästina nach Babylonien. Sie beginnt 597 v. Chr., das Ende ist mit dem Zusammenbuch des Neubabylonischen Reiches 539 v. Chr. gegeben.

Beschneidung – Bei Knaben im Säuglingsalter vorgenommene Entfernung der Vorhaut des Gliedes; gilt als Merkmal der Zugehörigkeit zum jüdischen Volk.

Bund – Zwischen Gott und Israel geschlossener Vertrag, besonders das von Mose am Berg Sinai vermittelte Bündnis. Indem die Israeliten das auferlegte Bundesgesetz und insbesondere die darin geforderte ausschließliche Verehrung des einen Gottes brechen, laden sie schwere Sünde auf sich. Ein von den Propheten erwarteter «neuer Bund» stellt die Beziehung zwischen Gott und Volk wieder her; dabei wird nicht mehr an eine gesetzliche Festlegung der Bundespflichten gedacht.

Christus – So wie Simon auch «Simon Petrus» (Simon der Fels) und «Petrus» genannt wird, wird Jesus oft als «Jesus Christus» (Jesus der Gesalbte/Messias) und «Christus» bezeichnet. Meist ist die messianische Bedeutung verblasst, sodass Christus als Eigenname (genauer: Beiname) erscheint.

deuterokanonisch – Als «d.» werden Schriften bezeichnet, die nicht zum Grundbestand (Kanon) des Alten Testaments gehören.

Erzväter – Bezeichnung für Abraham, Isaak und Jakob, von denen sich der Sage nach die zwölf Stämme Israels herleiten.

Evangelium – Das griechische Wort bedeutet «gute Nachricht» und bezeichnet inhaltlich stets eine Nachricht von oder über etwas – nämlich über Gottes heilvolles Handeln am Menschen. Von daher erfolgte die Übertragung auf eine Literaturgattung: Evangelium nach Lukas, nach Johannes, nach Matthäus, nach Markus.

Galiläa – Gebiet im Norden Palästinas, Heimat und Stätte des ersten öffentlichen Auftretens Jesu.

Hebräer – Archaische Bezeichnung für die Israeliten als Volksgruppe.

Israeliten, Israel – Israel ist zunächst ein Personenname: ein Beiname des Erzvaters Jakob, von dem alle Israeliten abstammen. Die politische Bedeutung des Namens Israel wandelt sich im Laufe der biblischen Geschichte mehrfach. Israel ist: (1) ein Stamm im Mittelpalästina der vormonarchischen Zeit; (2) Name des Staates unter den Königen Saul, David und Salomo; (3) das Nordreich, das vom davidisch-salomonischen Reich nach dem Tode Salomos abfiel; (4) nach der assyrischen Eroberung des Nordreichs im Jahre 722 v. Chr. nimmt Juda auch den Namen Israel an, sodass Judäer und Israeliten dieselben Menschen bezeichnen kann. (5) In neutestamentlicher Zeit sind «Israeliten» oft einfach Juden. – «Israel» wird in der Bibel selten als geographische Bezeichnung verwendet; das Land heißt biblisch (und noch heute) «Land Israel» (gemeint ist: Land des Erzvaters Israel). Die Bürger des heutigen Staates Israel werden «Israelis» genannt, die antiken Bewohner desselben Landes «Israeliten».

Jahwe – Der alttestamentliche Eigenname des monotheistischen Gottes, Jah-we oder Jachwe ausgesprochen (das «h» ist eigentlich konsonantisch), wird in den Bibelübersetzungen traditionell mit «der Herr» wiedergegeben.

Juda, Judäer – Juda ist der geographische Name für das mittelpalästinische Bergland zwischen Jerusalem und Hebron. Judäer sind die Bewohner dieses Gebietes bzw. des dort lokalisierten Südreichs der Hebräer, des Reiches Juda. In neutestamentlicher Zeit heißt das Gebiet Judäa.

Jude – Traditionell werden die Angehörigen des biblischen Volkes erst in der Spätzeit des Alten Testaments (seit der Zeit der Babylonischen Gefangenschaft) und zur Zeit des Neuen Testaments als «Juden» bezeichnet. Diesem Wortgebrauch folgend, wird auch erst seit der Babylonischen Gefangenschaft von «Judentum» und «jüdischer Religion» gesprochen. – Das Wort meint eigentlich nichts anderes als «Judäer», d. h. Menschen, die im Land Juda leben oder aus diesem Land stammen.

Jünger – Durch Luthers Bibelübersetzung eingeführte Bezeichnung für den engeren Schülerkreis, der sich um Jesus bildete und sein heimatloses Leben teilte. Der Kreis der Jünger ist weiter als der engere Kreis der Apostel. In manchen Evangelientexten verliert die Bezeichnung «Jünger» ihren ursprünglichen Sinn und steht für alle Sympathisanten Jesu.

Kanaan – In der biblischen Geographie ein nicht genau bestimmbares, zumindest Palästina umfassendes Siedlungsgebiet der frühen Israeliten.

Messias – Der Träger dieses Ehrentitels («Gesalbter») verfügt über von Gott verliehene Macht. Vom königlichen Träger des Titels wurde in Israel erwartet, er werde das Volk von seinen Feinden befreien. In frühchristlicher Zeit Titel Jesu, gleichbedeutend mit «Christus», doch meist ohne politisch-kriegerische Bedeutung.

Neues Testament – Der christliche Teil der Bibel, bestehend aus vier Evangelien, Apostelgeschichte, mehreren Briefsammlungen und dem Buch der Offenbarung (Apokalypse).

Nordreich – Das in Nordpalästina gelegene Königreich Israel, das von 931 v. Chr. bis zu seiner Zerstörung durch die Assyrer im Jahre 722 v. Chr. bestand. Hauptstadt: Samaria.

Novelle – Aus der europäischen Literaturgeschichte entlehnte Bezeichnung für eine im Alten Testament mehrfach belegte Erzählgattung. Sie zeichnet sich durch Fiktionalität und hohe Erzählkunst aus. Die Novellen bilden jeweils den jüngsten Teil größerer Textkomplexe: Im Pentateuch bildet die Josefsnovelle das jüngste Stück, in der Prophetensammlung das Buch Jona. Die Danielnovelle gilt als das jüngste alttestamentliche Buch insgesamt.

Palästina – Traditionelle geographische Bezeichnung des Landes, in dem das Volk Israel lebt. Namensgeber sind vielleicht die Philister. Eine Ableitung aus dem griechischen Wort *palaistês* = Ringer (= Jakob, der mit Gott ringen musste, nach Genesis 32) wird erwogen.

Passa – Auch Passah, Pesach und Pascha (sprich Pas-cha). Name eines jüdischen Festes, das in jedem Frühjahr zum Gedächtnis an den Auszug aus Ägypten gefeiert wird.

Pentateuch – Zusammenfassende Bezeichnung für die fünf ersten Bücher des Alten Testaments: Genesis, Exodus, Levitikus, Numeri, Deuteronomium. Die Bezeichnungen 1. Buch Mose (= Genesis), 2. Buch Mose (= Exodus) usw. sind heute wenig gebräuchlich.

Pharisäer – Jüdische Religionspartei, die auf strenge Einhaltung biblischer Vorschriften über Recht und religiöses Brauchtum achtet.

Philister – An der Mittelmeerküste lebendes Nachbarvolk Israels, mit den Israeliten verfeindet. David hat ihre Herrschaft über Israels Stämme beendet, was emblematisch durch den Sieg Davids über den Philisterriesen Goliat dargestellt wird.

Prophet – Im Alten Testament: Im Namen Gottes öffentlich auftretender Mann, der oft Krieg und Zerstörung als Gottes Strafgericht für Sünden ansagt. Auch Wunderheilungen werden ihnen zugeschrieben. – Im frühen Christentum warnen und trösten Propheten die Gemeinde oder auch Einzelne. Das griechische Wort bedeutet «Sprecher».

Reich Gottes – Traditionelle Wiedergabe eines Ausdrucks, der sich auch mit «Gottesherrschaft» oder «Königsherrschaft Gottes» übersetzen lässt. In der Verkündigung Jesu spielt das Reich Gottes eine zentrale, jedoch nicht immer leicht verständliche Rolle. Im Wirken Jesu ist das Reich Gottes schon gegenwärtig, doch es vollendet sich in der Zukunft.

Schriftgelehrter – Einer, der sich in den heiligen Schriften auskennt, Mitglied des Gelehrtenstandes.

Seleukiden – Dynastie, die zwischen 312 und 64 v. Chr. große Teile Vorderasiens beherrschte. Dazu gehörte 200–140 v. Chr. auch Palästina.

Südreich – Das in Südpalästina gelegene Königreich Juda, das von ca. 931 v. Chr. bis zu seiner Zerstörung durch die Babylonier im Jahre 586 v. Chr. bestand. Hauptstadt: Jerusalem.

Taufe – Ein von Johannes dem Täufer praktiziertes religiöses Ritual, das in symbolischer Weise – durch Untertauchen in Wasser – von Sünde reinigt. Wer sich taufen lässt, bekennt sich zum Ideal der Reinheit. Der Taufritus wurde von Anfang an auch in der Jesusbewegung geübt und ist bis heute das Sakrament der Aufnahme in die Glaubensgemeinschaft.

Tempel – Der von Salomo der Legende nach um 950 v. Chr. erbaute Tempel von Jerusalem wurde 586 vom babylonischen König Nebukadnezzar zerstört. Der um 500 wieder aufgebaute sogenannte «zweite Tempel» wurde von König Herodes dem Großen 23–9 v. Chr. erneuert und von den Römern 70 n. Chr. im Jüdischen Krieg zerstört.

Verheißung – Göttliche Zusage glücklicher Zukunft, z. B. von Nachkommenschaft, Landbesitz, Herrschaftsdauer, Schutz, aber auch Ankündigung eines neuen Bundes und Versprechen von jenseitigem ewigem Glück («Heil»).

Register

Die Zahlen beziehen sich auf die Nummern der Fragen,
nicht auf die Seiten.

Bildnachweis

Die Abbildungen sind folgenden Quellen entnommen:

Abb. 1: B. W. Anderson, *Contours of Old Testament Theology*, Minneapolis 1999.

Abb. 3: O. Keel, *Die Welt der altorientalischen Bildsymbolik und das Alte Testament*, Zürich 1972; F. Rahlwes (Hg.), *Die Bücher der Bibel. Bd. 1: Überlieferung und Gesetz*, Braunschweig 1908.

Abb. 4: B. Reicke u. a. (Hg.), *Biblisch-historisches Handwörterbuch*, Göttingen 1964, Bd. 2.

Abb. 6: O. Wilde, *Salome*, Leipzig 1903.

Abb. 9: The Schøyen Collection, Oslo (mit Dank an Martin Schøyen).

Abb. 10: H. Maryon, The Colossus of Rhodes, *Journal of Hellenic Studies* 76 (1956), 68–86.

Abb. 11: M. Luther (Übersetzer), *Das Newe Testament Deutzsch*, Wittenberg 1522.

Abb. 12: *Helps to the Study of the Bible*, London o. J. (1893).

Abb. 13: © akg-images

Abb. 14: O. Keel/C. Uehlinger, *Göttinnen, Götter und Gottessymbole. Neue Erkenntnisse zur Religionsgeschichte Kanaans und Israels*, Freiburg 1992.

Abb. 15: E. Möller, *Das Abendmahl des Lionardo da Vinci*, Baden-Baden 1952.

Abb. 16: H. Schedel, *Liber cronicarum*, Nürnberg 1493; A.-E. Dunn-Vaturi, Dancers in the Louvre, *Near Eastern Archaeology* 66/3 (2003), 106–110.

Abb. 17: J. Overbeck/A. Mau, *Pompeji in seinen Gebäuden, Altherthümern und Kunstwerken*, 4. Aufl., Leipzig 1884.

Abb. 18: E. Gerhard, *Auserlesene griechische Vasenbilder*, Berlin 1858, Bd. 4.

Die übrigen Abbildungen stammen aus dem Archiv des Verfassers.